コーヒー・ハウス

18世紀ロンドン、都市の生活史

小林章夫

講談社学術文庫

学術文庫版まえがき

今を去ること三〇年前、私がまだ大学生だった頃は、あちこちに喫茶店があって、そこで本を読んだり友だちとしゃべったりすることが、日課のようなものだった。当時は大学紛争の嵐が吹き荒れていて、そのためにしばしば授業が休講になったから、それをいいことに喫茶店で時間を過ごす割合のほうが、教室で講義を聴くより多かった。あるいは、妙に熱の入った議論が、紫煙漂う中で交わされることもしばしばだった。

ところで当時の喫茶店は、今ではかなり珍しいものとなっている。いわゆる「純喫茶」がまず多くあり（何が「純」なのかは知らないが）、それに毎日日替わりのコーヒーがあるかなりこだわった店が、いくつかあるのが普通だった。あとは「歌声喫茶」だの、「美人喫茶」などがあって、後者はつい先頃までわたしの今勤めている大学の近くにあった（しかし行くたびにどれが美人であるのかを問いただしたため、この頃は表示を替えてしまった）。いずれにしても、割合に薄暗い店内にゆったりと椅子が置かれ、音楽が流れる中で新聞などを読んでいる人がいたりして、都会のオアシスといった雰囲気だったのである。

しかし現在の喫茶店、いやそもそもこの喫茶店なる言葉もほとんど死語と化して、近頃はやりの店は、まったく様相を異にしているといっていい。明るい店内、ときとして禁煙、カウンターで注文して飲み物を受け取り、適当なところに座って飲み、さっと出ていくスタイルが大流行である。値段は安い。メニューもお洒落なものが並んでいる。カフェ・ラッテなど、昔はなかった。要するに簡便に飲み物と軽食をとって、ほっと一息ついたらすぐに出ていくスタイルである。そこには、紫煙もうもうたる中での議論などありようがない。

喫茶店の原型ともいうべきコーヒー・ハウス、あるいはカフェは、ヨーロッパの歴史において単にコーヒーなどを楽しむだけの場ではなく、広い意味での社交の場として大きな役割を果たしてきた。そのことは「カフェの文化史」というタイトルの本が、いくつも書かれてきたことからわかるとおりである。あるいは、有名なカフェを舞台に繰り広げられたさまざまな人間模様が、多くの人物の伝記において重要なエピソードとなっていることからもわかる。その意味で、ヨーロッパにおけるカフェ文化の先駆けをなしたイギリスのコーヒー・ハウスの歴史は、多くの点で興味深い。そこは政治議論の場であり、経済活動の一つの中心であり、文学者のたまり場であり、そしてなによりも近代ジャーナリズムを育んだ基地でもあった。

今から一五年前、もはや学生運動の狂熱も過去のものとなりつつあった頃、十八世紀英文学を勉強しながら、その時代のさまざまな活動の拠点であったコーヒー・ハウスを調べることは、きわめて楽しいことだった。そこには自分が研究している作家たちの生の生態が見られ、作家をとりまく社会の息吹が感じられたからだ。当時の文学の多くが同時代の社会現象や政治、あるいは貴顕紳士などのゴシップ、スキャンダルをもとにしている以上、それらを見つめてみることが作品理解の第一歩と思えたのである。そうした楽しみから生まれたのが、この書物であり、事実上、最初の単著となった作品だけに、感慨もひとしおだった。

それから今日に至るまで、果たして本来の十八世紀英文学の勉強がきちんとした成果を生んだかを考えると、いささか内心忸怩《じくじ》たるものはあるが、少なくともこの本を書いた時点に比べれば、理解はかなり深まったとの自負もないではない。その意味で、一つの勉強の方向がこの書物によって定まったとは、確かに言えることなのである。その本が今回、講談社学術文庫に加えていただけることになったのは、嬉しい限りのことといわなければならない。

しかもそのこととともに、コーヒーが日本人の中に完全に定着し、まったく違和感のない飲み物となったのも、この二〇～三〇年のことだろう。確かに昔ながらの喫茶店は姿を消しつつあるが、ほとんど日常的空間としてコーヒー店が街路のあちこちに出現している事実は、結局この飲み物自体がわたしたちの日常生活の中に確固たる位置を占めたことの現れではあるまいか。寿司を食べたあとにコーヒーを飲むのが、決しておかしいとは思われないのが昨今なのである。

さらにいえば、コーヒーを飲むだけでなく、コーヒーの科学、焙煎の方法、そしてもちろんコーヒー文化に関心をもつ人の数も増えた。コーヒーという飲み物をめぐって、さまざまな角度からの発言が相次ぐとすれば、かつての喫茶店の賑わいがなくなっても、それはそれで致し方のないことなのかもしれない。考えてみれば、イギリスのコーヒー・ハウスの喧噪も、せいぜい一〇〇年のことだったからである。

今回、この『コーヒー・ハウス』を文庫にと声をかけて下さった講談社学術文庫出版部の稲吉稔さんには、種々の面でお世話になった。感謝申し上げる次第である。なお、文庫版にするにあたり、元版の挿絵は取捨選択し、注釈の部分は必要と思われるもののみを、本文中に取り入れた。また誤記、誤植など最小限の訂正をおこなったほか、章のタイトルなども若干変更したことをお断りしておく。

二〇〇〇年七月

小林章夫

目次

コーヒー・ハウス　十八世紀ロンドン、都市の生活史

第一章　十八世紀イギリスの生活史――ロンドン、ペスト、大火

1　コーヒー事始め

薬用としてのコーヒー

『随筆集』や『ニュー・アトランティス』などの著作で知られるイギリスの哲学者フランシス・ベイコン（一五六一―一六二六）に、『森の森』という奇怪な題名の作品がある。これはベイコンの最後の著作といわれ、彼の死後出版されたものだが、内容は一種の自然誌で、古今東西のさまざまな自然現象を、旅行記などを参考にしてまとめたものである。この本の中でベイコンはコーヒーに触れ、次のように述べている。

トルコではコファ（coffa）というものを飲んでいる。これはやはり同名の豆を材料にして作ったもので、すすのように黒い色をし、強い香りがするのだが、あま

りよい香りとはいえない。この豆を粉にし、水に入れて煮沸して飲むのだが、コファ・ハウス（coffa-house）という、わが国でいえばタバーン（酒場）のような場所で人々は飲んでいる。この飲みものは頭と心を休め、消化を助けるのである。

ところで、ベイコンのいうコファ、つまりコーヒーという言葉の語源については、二つの説がある。まずアラビア語のカーフア（qahuah）という酒の名からとられたという説である。これがトルコに入ってカーフェとなり、やがてヨーロッパに移入されて、コーヒー、またはカフェと呼ばれるようになったというのだが、大体においてこの説が有力なようだ。

しかし、南西エチオピアの地名カッファ（Kaffa）から来たとする説も根強くある。これはエチオピア人の伝説にあるもので、同国のカッファ州がコーヒーという呼び名の起源だというのである。ところでこのエチオピアには次のような話が残っている。この国の山羊飼いでカルディという男が、あるとき山羊の群れが奇妙な動きをするのに気づいて、山羊の食べた植物を自分も口にしたところ、気分がすっきりしたというのである。

ベイコンの言葉にもあったように、コーヒーが薬用になるということは、さまざまな形でいい伝えられてきたらしい。たとえば、二日酔い、眼炎、水腫、痛風、壊血病、天然痘などにも効くといわれ、また万能薬と称されることも多かったようだ。血液循環説を唱えたウィリアム・ハーヴェイ（一五七八―一六五七）は痛風に悩まされていたため、努めてコーヒーを飲んだといわれている。また『憂鬱の解剖』を書いたロバート・バートン（一五七七―一六四〇）は、十七世紀中葉のイギリスでは内乱が激しく、その精神的ストレスをはらそうと酒を飲むことが多かったため憂鬱症が大いにはやったが、その特効薬にコーヒーが使われたといっている。

コーヒー有害説

しかしその一方では、コーヒー有害説を唱えるものもあった。王立協会《ロイヤル・ソサイエティ》という、十七世紀中頃に設立された団体は、とくに近代科学の発展に大いに寄与したものだが、この協会草創期のメンバーにトマス・ウィリス（一六二一―一六七五）という人物がいる。彼はその著作の中で、コーヒーを飲みすぎると、倦怠感、麻痺状態、心臓の圧迫、手足のしびれなどが生じると指摘している。

しかしウィリスは、コーヒーは適度に飲めば身体を活発にする効果があるとも述べている。また十八世紀後半のイギリスでは、先にあげたバートンの説とは反対に、コーヒーの飲み過ぎは憂鬱症を招くという考えを述べた文人もいる。だが、大体においてコーヒーのもたらす刺激効果は、好ましいものとして受け取られていたようだ。

コーヒーのヨーロッパへの伝播

さて、こうしたコーヒーがどのような歴史を経てヨーロッパ世界にもたらされ、流行するようになったのか。これについてはいろいろと臆説があり、決定的なことはいえないようだが、それでも次のような説が代表的なものらしい。すなわち、今から約一〇〇〇年ほど前に、アラビアのバグダッドにおいて医学者のラーゼスが、バンという木の種子を砕いて煮出したバンカムという液が胃に良いことを唱えた。これがやがてアラビア哲学の大立者アビケンナ（九八〇―一〇三七）などによって胃薬、覚醒剤としての価値を認められるようになる。ただこの頃は、生豆を砕いて煎じていたため、苦味もなく、色もレモンのような色であったらしい。

しかし十三世紀の半ば頃になると、アラビアを中心とするイスラム教国で、煎《い》って煮出すようになったので、色の黒い、苦味のあるコーヒーが登場してくる。イスラム教圏では酒が禁止されているので、刺激性のあるコーヒーが代わりに飲まれるようになったのであろうか、イスラム教の中心地であるメッカ、メディナ、カイロなどでは、勤行の際の眠気ざましとして僧侶が飲むのみならず、一般の人々も大いに飲用することとなった。しかしエジプトのカイロでは、一五一一年にコーヒーが人を酔わせるということで、その飲用を禁止されることになる。

その後トルコにコーヒーが伝わり、一五五四年（一五五一年という説もある）にはコンスタンティノープルに世界最初のコーヒー・ハウスが開店し、イスラム教徒の迫害にもかかわらず大いに栄えたらしい。当時の飲み方は、現在でもトルココーヒーの名で親しまれているもので、真鍮《しんちゅう》や銅の鍋で長時間かけて煮出したものを熱いまま飲むのである。時には香辛料を加えることもあったらしい。

やがて十六世紀後半から十七世紀にかけての大航海時代になると、ヨーロッパから多数の人間が東方をめざして旅行する。そしてコンスタンティノープルやカイロなどで、今まで嗅いだこともない異臭を発する黒い飲みものを住民たちが味わう光景を目にし、初めは敬遠していた人々も徐々にその魅力に心を奪われてゆくのである。

コーヒーの伝播が最も早かったのは、東方に近いイタリアで、とくにヴェネツィアでは初めから大いに飲まれたらしい。この後、フランス、イギリスなどにも伝わって栄えてゆくのだが、イスラム教圏同様、キリスト教徒の間でもコーヒーという得体の知れぬ飲みものについて、是非論が戦わされた。だが、ローマ教皇クレメント八世がコーヒーを飲んで洗礼を授け、飲用を許可したため、一般にも大いに飲まれた。

新大陸への伝播

こうしてコーヒーはヨーロッパ世界において着々と地歩を築いていったが、アラビアが生豆の国外持ち出しを禁じていたため、各国は苦労をし続けていた。しかし十七世紀半ばにはオランダが生豆の持ち出しに成功して、ジャワやスマトラなどの植民地で栽培を始めた。そしてフランスもなんとかコーヒー栽培をしようとして、オランダに交渉し、コーヒーの苗木を一株譲り受けた。時は十八世紀初めのことである。

この苗木をもとに、コーヒーがどんどん栽培され、フランス植民地にもたらされるのだが、なかでも次のようなエピソードは新大陸への移植の苦労を物語っていて興味深い。すなわち、一七二三年、フランス海軍の将校であったド・クリューが、ルイ十五世の温室にあったコーヒーの苗木を一株譲り受け、大西洋航海中は自分の飲み水まで与えてカリブ海のマルティニーク島に運び移植したところ、三年後には一九〇〇万本にまで増えたというのである。

こうして、十七世紀末までは世界に出回るコーヒーの輸出地はほとんどアラビアに限られていたが、やがてセイロン島、西インド諸島、ブラジル、メキシコなどの各地からも輸出されるようになる。

日本におけるコーヒー

ところで、日本ではコーヒーはどのように受け入れられてきたのだろうか。

まず初めて日本へコーヒーを紹介したのは、オランダ人のカピタン、チチングで、十八世紀末に長崎の出島に持ち込んだらしい。したがって、当時コーヒーを飲んだ人々は、遊女、蘭学者、通詞などの限られた層だけであったろう。しかし後に、フランスのショメール『家事百科辞典』のオランダ語訳が幕府に献上され、さらに十九世紀にはこの辞典が大槻玄沢（一七五七―一八二七）らによって訳され、日本への本格的な紹介が始まる。

蘭学者である志筑忠雄（一七六〇―一八〇六）の訳した『万国管窺』にも、コーヒーについての記述がみられるが、江戸時代ではコーヒーの呼び名は一定せず、カウヒン、カウヒイ、カウヘイなどと呼ばれていた。漢字で書いても古闘比伊、可否、歌兮などさまざまである。

一方、コーヒーを実際に飲んだ人々の印象はどうであったか。狂歌作者として有名な蜀山人（一七四九―一八二三）は食通としても名が通っていたが、長崎在任中に、コーヒーを試飲している。しかしどうも好きになれなかったようで、こう書き残している。

紅毛船にて「カウヒイ」といふものを勧む。豆を黒く炒りて粉にし、白糖を和したるものなり。焦げくさくして味ふるに堪ず。（『瓊浦又綴』）

蜀山人のみならず、一般の人々にとってはコーヒー特有の香りが苦手であったようで、江戸時代にはあまり人気が出なかったようだ。この点についてシーボルト（一七九六―一八六六）は次のようなことをいっている。

ある国民が、二世紀以上も前から世界で最初のコーヒー商人と交易しながら、ただ暖かい飲み物だけを用い、社交的な共同生活をたいへん好んでいる彼らの間で、この飲み物が流行しなかったのは、実に不思議なことである。しかも日本人はわれわれといっしょにいると、コーヒーを飲むのが好きで、一年に数ピコル〔一ピコルは約六〇キログラム〕では、長崎にいるわれわれの知人が必要とする炒ったコーヒー豆の需要をみたすのに十分ではない。日本人の大勢の人たちにコーヒーを飲む小さい悪習をつけることは、骨折りがいのあることで、われわれの推測したところだと、正しい方向に進み、同時に計画的に手をつけさえすれば、これは不可能な事柄のうちにはいらない。いちばんよいのは、コーヒーは明らかに「長寿」への道だ、ということである――日本のような国では、コーヒーは実際に保健薬としても推奨されるだろう。しかし同時にコーヒーの輸入を困難にする二つの事情が考えられる。その一つは、生来のミルク嫌いであり、もう一つはコーヒー豆を炒ることである。ミルクを飲むことは仏教の戒律を犯すことである。なぜなら日本人はミルクを白い血と思い、しかも血を流すことはもちろん、血を飲むことはいちばん罪深いことだ、と考えているからである。それに知識を持たないでコーヒー豆を炒るので、じきに炒り過ぎて、宣伝しているこの飲み物の味をそこない、同時に評判をおとすようなことがよくある。だがこれに対する助言や方法がないわけではない。われわれはその間にもコーヒーをすすめてきたし、われわれの推薦は日本の国では多少とも重んじられている。いまや蘭印政庁は毎年数千ポンドのコーヒーを炒り、粉にひいてきれいな缶かビンに入れ、適正な説明を書いたラベルを貼って日本に送らなければならない、というのが私の切に望むところである。

（『日本』第四編「一八二六年の江戸参府紀行」）

万延一年の遣米使節団、文久三年の遣欧使節団ともにコーヒーを飲んだが、それでも苦味には苦労したらしい。

明治になるとすぐコーヒー生豆の正式輸入が始まり、一般にも徐々に飲まれるようになる。明治十五年には小笠原へ試植されていたコーヒーが実を結び、十九年には日本橋に洗愁亭というコーヒー店ができた。さらに二年後には下谷黒門町に可否茶館が開かれ、その後続々とコーヒー店がつくられていったが、総じて明治期はコーヒーの輸入量も少なく、また上流階級、外人などが主として飲んだものらしい。しかし大正、昭和と経るにしたがい、コーヒーの輸入量は増大し、コーヒー牛乳などという珍奇な飲みものまでつくられて、現在の隆盛に至っている。

コーヒー・ハウス

一方、ヨーロッパ世界に伝えられたコーヒーは各国で大いに飲用されたのだが、そうしたコーヒーの歴史に欠かせないものに、コーヒー・ハウス、あるいはカフェという場所がある。ベイコンの言葉にもあったように、トルコではコーヒーを飲む場としてコファァ・ハウスというものがあった。このコファァ・ハウスは、コーヒー自体がヨーロッパに伝わるに伴い、イギリスを始めとして各国に伝播し、同様の場所がつくられていったのである。

なかでもイギリスで十七世紀中頃につくられ、その後一世紀以上にわたってイギリスの政治、経済、文化などに大きな影響を与えたコーヒー・ハウスの歴史は、フランスにおけるカフェとともに、社会史、文化史の重要な一面を担うものといえよう。

本書はこのコーヒー・ハウスの特質、歴史、同時代に与えたさまざまな影響などを中心にして、いわば近代イギリスの「コーヒー・ハウス文化」を考察しようとするものである。その際、コーヒー・ハウスが最も多くつくられたロンドンに焦点をあてて、コーヒー・ハウスとロンドンの市民生活との関わりを、できるだけさまざまな角度から検討したいと思う。

2　コーヒー・ハウス、ロンドン開店

二人の日記作者

十七世紀のイギリスには二人の有名な日記作者が現われた。ひとりはサミュエル・ピープス（一六三三―一七〇三）で、官吏として非常に有能であった一方、美しい女

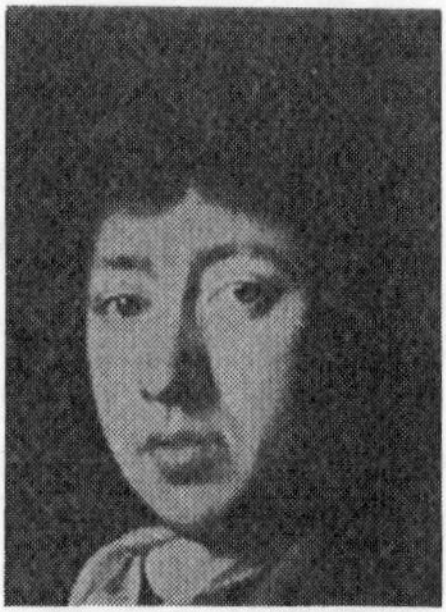

サミュエル・ピープス

性を追いかけることに大いにエネルギーを傾けた人間であった。彼の残した日記は後に本書の中でも折りに触れ引用することになろうが、なんといってもその日記が異彩を放っているのは、ピープスが自分の性生活に関する事柄を、みずから発明した暗号を用いて書いている点である。この暗号の解読は十九世紀から何度か行なわれてきたが、公刊に際しては内容が赤裸々なため削除を余儀なくされてきた。しかし一九七〇年から逐次出版されてきた詳注つきのカリフォルニア大学版では、こうした部分も削除なしで載せられている。

だがピープスの日記は、そうした色道に関する部分を除いても、まことに興味深い記録なので、臼田昭氏はそのすぐれた著書『ピープス氏の秘められた日記』（岩波新書）の中でこう書いている。

これ〔ピープスの日記〕は平凡な中流一市民の日常生活の実直な記録なのだ。平凡な中流一市民の日常生活の何パーセントかは性生活で占められるから、その記事は当然顔を出すけれど、ピープスの場合、それは正常なパーセンテージを超えるものではなく、その他は夫婦喧嘩のこと、倹約と貯金の話、同僚との軋轢《あつれき》、老いた両親や婚期を逸しそうな不美人の妹の面倒を見ることなど、糠味噌《ぬかみそ》の香りかぐわしい些細《ささい》な人事・消息で一杯なのだ。海軍省のハリキリ官僚の主人公が、あたりの様子を伺い、手づるをたぐり、他人を押しのけ、出世をはかり、賄賂《わいろ》をとり、金を貯め、妻の目を盗んで浮気をしながら、一〇年間の世相をこまめに観察・記録する。これがピープスの日記の本質である。

以上のように評されたピープスの日記は、これから述べようとするコーヒー・ハウスの歴史にとっても、またとない資料を与えてくれるものだし、ピープス自身の性格が明るいせいだろうか、読んでいても楽しい。

一方、もうひとりの日記作者ジョン・イーヴリン（一六二〇―一七〇六）は、ピープスの陰に隠れて日本ではあまり知られていない。その理由は、ひとつにはピープスの日記のような一種のスキャンダラスな部分がない点にもよるだろうが、なんといっても親友ピープスと比べて、性格がやや地味なのだ。

同時代の文人によるイーヴリン評価でも、慎重な性格の持ち主といわれているし、イーヴリンの日記では、人を賞めるときに「控え目な」という言葉が再三再四使われており、このあたりにも彼の性格がうかがわれるのである。しかし十七世紀中頃のイギリス社会を知るためには、このイーヴリンの日記もピープスにまさるとも劣らない価値を持っていることは、間違いないのである。

さてこのイーヴリンの日記によると、イギリスにおいて最初にコーヒーを飲んだ人物は、ナサニエル・コノピウスという男だというのである。コノピウスはギリシアの出身で、招かれてイギリスにやって来ると、やがてオクスフォードの司祭になったのだが、一六四八年にクロムウェル政権の圧力でオクスフォードを追われたらしい。

イーヴリンは、この人間こそ初めてのコーヒーをイギリスで飲んだ男で、時は一六三七年と、見てきたように断定するのだが、どうもこれは必ずしも真実だとはいえないらしい。つまりイーヴリンは、アンソニー・ウッド（一六三二―一六九五）という歴史家の残した記録をちょっと拝借したのだという説もあるからだ。

イギリス最初のコーヒー・ハウス

それではイギリスでコーヒー・ハウスが初めて開かれたのはいつなのだろうか。この点に関してはほぼどの研究も次のような説をとっている。すなわち一六五〇年にユダヤ人のジェイコブなる人物がオクスフォードに開いたのが最初だというのである。一六五〇年といえば、前年の四九年にチャールズ一世が処刑された後を受けて、イギリスがまだピューリタン革命の嵐に揺れていたときであり、この五〇年の七月にはクロムウェルの軍がスコットランド領内に侵入している。また詩人ジョン・ミルトン（一六〇八―一六七四）が書いた『イングランド民衆弁護論』などが世に出た時代でもあった。

議会派と王党派との対立、宗教問題などで物情騒然としていたこの時代にコーヒー・ハウスを開いたこのジェイコブという男がいったいどういう人間だったのかは、残念ながら記録が残っておらず確かめられないが、クロムウェルがユダヤ人のイギリス居住を認めたのに応じてやってきた人間のひとりらしい。

オクスフォード東部のセント・ピーター教区に店を開き、自分が仕えていたトルコ人が大事にしていたコーヒーの実を持ってきて客に飲みものとして供したところ、珍しもの好きの連中が飲んでくれたという。コーヒーの効用や副作用などを論じた、あのウィリス博士もこの店を訪れたようだ。しかしこのジェイコブのコーヒー・ハウスはオクスフォードに長くあったのではなく、数年後にはロンドンのホウバンへと移り、新たな店を始めたようだ。

ところがこのオクスフォードでは、ジェイコブの店を受け継いだジョブソンというユダヤ人が、一六五四年に新しい店を開いたことが知られ、またその後もいくつかのコーヒー・ハウスがつくられて繁盛している。オクスフォードになぜそれほどコーヒー・ハウスがつくられたかといえば、ひとつには一六五〇年代にはここに三五〇ものエール・ハウス（酒場）があり、アルコール消費量もかなりのもので、そうした酒の害を弱めるために、二日酔い特効薬のコーヒーが多く飲まれたのだろうというのである。もちろんこうした点も否定できないだろうが、理由は他にもあるようだ。

ティリヤード・コーヒー・ハウス

一六五五年、このオクスフォードにティリヤード・コーヒー・ハウスという店が開店した。経営者はアーサー・ティリヤードという薬剤師で、ピューリタンに対して批判的な、つまり王党派シンパの男だった。このティリヤードをオクスフォードの学生たちがけしかけて、コーヒー・ハウスを開かせたらしい。

当時のオクスフォードは王党派びいきの風潮が強く、ティリヤード・コーヒー・ハウスは、そうした学生たちのたまり場として大いに栄えるのだが、そのリーダー格の人物が、やがて建築家として有名になるクリストファー・レン（一六三二―一七二三）であった。この「イギリスのダ・ヴィンチ」と称された男は、後年チャールズ二世の建築監督官となり、一六六六年のロンドン大火後の復興に大いに寄与したのであるが、若い頃からその才能は高く買われていたようで、イーヴリンは「若いが驚くべき学者」であるとレンを激賞している。

「見えない大学」とティリヤード

ここで話はやや横道にそれるが、ピューリタン革命華やかなりし頃の一六四五年に、ロンドンの酒場で「見えない大学」という妙な名前の団体が結成された。これは、当時盛んになりつつあった自然科学の研究を推進するのに大きな力を果たした団体で、代表的な人物としては聖職者のジョン・ウィルキンズ（一六一四―一六七二）や、後にこのグループに属した科学者ロバート・ボイル（一六二七―一六九一）らがあげられるが、この団体がピューリタン革命の嵐を避けてロンドンからオクスフォードへ逃れてくる。この時期のオクスフォードは、ケンブリッジと比べて多彩な科学者たちに恵まれており、活発な研究が行なわれていた。しかも、もともとロンドンとオクスフォードの間では学者の交流が盛んで、互いに知的刺激を与えていた。

そのようなことから、レンを中心とするティリヤード・グループと、ボイルらの集団とが徐々に交流を密にし、やがて見分けがつかなくなる。その結果できあがったのが王立協会である。一六六〇年に王政復古によってこのオクスフォードのグループは解散を余儀なくされ、多くの人々はロンドンに移っていった。そしてこの年の十一月二十九日に、ウィルキンズやボイルが中心となって構想を固め、二年後には国王の認可を得て協会が誕生したのである。

このようにみてくると、ティリヤードのような場所が盛んになった背景には、十七世紀中頃の知的・文化的活動、あるいはもっと限定すれば、科学革命の進行という状況が大きな位置を占めているといえるかもしれない。

ケンブリッジのコーヒー・ハウス

一方、オクスフォードと並ぶ学問のメッカ、ケンブリッジでは、やや遅れて一六六〇年代からコーヒー・ハウスに関する記録が現われる。しかもオクスフォードに比べると、当時のケンブリッジのコーヒー・ハウスに関する資料は少ないようだ。それでもケンブリッジにつくられた最初のコーヒー・ハウスについて、次のような記録が残っている。

彼〔ロジャー・ノース〕がジーザス・カレッジにいた頃は、コーヒーはまだ一般にあまり飲まれておらず、コーヒー・ハウスもそれほどはやっていなかった。当時はカークという店が一軒あっただけで、その後もしばらく同じ状態が続いた。また新聞もマディマンという人間が出していた一紙だけであった。……ところが現在では事情は一変して、チャペルのあとでコーヒー・ハウスへ行って駄弁《だべ》ったり、ロンドンから届くたくさんの新聞に目を通したりするのが大はやりである。

（『ロジャー・ノースの生涯』）

ここに出てくるロジャー・ノース（一六五三―一七三四）というのは、法律家としても、また歴史家としても名高い男で、自分の家系について著作を残し、また自叙伝も書いており、とくに後者は十七世紀後半のイギリスについてさまざまの情報を与えてくれる貴重な書物である。

ところでここに引用した記録から判断すると、ケンブリッジでは十八世紀に入る頃からとくにコーヒー・ハウスが人気を得たようだ。たとえば一七一〇年には、ケンブリッジのグリーシャン・コーヒー・ハウスでは午前と午後三時との二回、学者たちが集まって談論を交わしたという記録が残っている。

ヘンリー・マディマン

さて、先ほどノースについて触れていた文章の中に、コーヒー・ハウスに新聞が置かれていることが指摘されていた。コーヒー・ハウスとジャーナリズムの発生の関係については、いずれ章を改めて扱うが、ここではすでに名前のあがっているマディマンという男について、いくつかの記録を参考にしながら若干述べておこう。というのもこの男のジャーナリズム世界における活動が、大学町オクスフォード、ケンブリッジのコーヒー・ハウスと密接に結びついているからである。

ヘンリー・マディマン（一六二九―一六九二）は、イギリスの初期のジャーナリズムの歴史において重要な位置を占めていた。とくに王政復古後は、時の権力者と結びついてさまざまのニュースを収集し、みずからの新聞の発行部数を大いに伸ばした。日記作者ピープスはマディマンを評して、「ならず者」「金が欲しいばかりに」議会派の弁護も辞さなかった男と書いている。しかし、総じて人物評にはなんらかのかたよりがみられるのは、いつの時代でも変わらない真実なので、このピープスの言葉も額面通りには受け取れないかもしれない。事実、マディマンの書いた記事はすぐれたものので、信頼がおけるという評価も存在するのである。

それはともかく、マディマンは一六五九年の末に、『パーリャメンタリー・インテリジェンサー』という一六ページだての新聞を毎週月曜日に発行し始め、定期購読希望者には年五ポンドで配った。この新聞が前記のカークというコーヒー・ハウスで回し読みされていたものらしい。そして一六六〇年の王政復古以後、政府による言論の統一化、情報の検閲がすすめられる中で、ロジャー・レストレンジ（一六一六―一七〇四）が一六六三年八月三十一日から『インテリジェンサー』を毎週月曜日に、そして同年九月三日から『ニューズ』を毎週木曜日に発行し、前の時代の革命熱を冷まそうとやっきになる。

一六六五年、ロンドンにペストが大流行して宮廷がオクスフォードへ一時的に移ると、マディマンは『オクスフォード・ガゼット』を出し、政府による布告以外に、一般のニュースをも掲載するのである。やがてこの『オクスフォード・ガゼット』は、ペストがおさまって宮廷がロンドンへ戻るのに呼応して第二四号から『ロンドン・ガゼット』と名を変え、再び官報的色彩を帯びるようになる。したがって政府の公式発表だけでなく一般のニュースも取り入れた点で、短い期間の発行ではあったが、『オクスフォード・ガゼット』は近代ジャーナリズム発生の一翼を担ったものといえるかもしれない。

コーヒー・ハウスへの批判

オクスフォード、ケンブリッジの両大学町ではコーヒー・ハウスがかなり繁盛し、後のロンドンのコーヒー・ハウスにみられるような、情報文化センターとしての役割を果たしていたのだが、こうしたコーヒー・ハウスの隆盛を苦々しく思う人々もあった。

まず一六七〇年代に、大学において近頃、真面目な学問が衰えたのは、コーヒー・ハウスに学生がたむろして駄弁《だべ》ってばかりいるからだという批判が起こっている。さらに、日曜日の夕方のチャペルのあとはコーヒーを飲ませるなという声があがったが、これはあまり効果がなく、五時になるとコーヒー・ハウスに多くの学生が集まるという現象がみられた。こうした風潮を苦々しく思っていたピューリタンのオクスフォード市長は、一六八〇年に、日曜日にはコーヒー・ハウスを閉鎖せよとの布告を出したが、これも守られなかったようである。

しかし、なんといってもコーヒー・ハウスに最も批判的だったのは、コーヒーとい

ロンドン市内のイン

う新奇な飲みものに客をとられたタバーンの経営者であった。中世の人間はほとんどみなスマートなやせ型が多かったのに、ルネッサンス期以降、タバーンやイン（宿屋）などで大量に酒が消費されるようになり、肥満体が増えたという説があるくらい、エリザベス朝以降のイギリスでは酒飲みが多かったらしい。その意味ではシェイクスピアの『ヘンリー四世』や『ウィンザーの陽気な女房たち』に登場するフォルスタッフなど、その典型といえようか。海野弘氏は『酒場の文化史』（サントリー博物館文庫）という本の中で、こう述べている。

> シェイクスピアの酒場では、ありとあらゆる国々の酒が飲まれ、また、王侯貴族から泥棒にいたるさまざまな人々が一緒くたになって、陽気に騒いでいたのであり、『ヘンリー四世』に出てくる、ビア樽のように太ったフォルスタッフはその象徴だったわけである。彼はまさに、シェイクスピアの酒場で人生を暮らす男なのであった。

しかしこうした風潮の結果として、二日酔いに悩む者の数もかなりにのぼったようだ。そこへ二日酔いの特効薬という触れ込みでコーヒーという珍奇な飲みものが入って来て、コーヒー・ハウスが繁盛する。しかも初期のコーヒー・ハウスは原則としてアルコール類は出さないとなれば、酒場経営者や酒造業者たちの反感が生まれるのも当然といえよう。詳しくは後でみることにするが、酒場の経営者たちはコーヒー・ハウスを陰謀の巣として、告発これ努めたという。

ロンドンのコーヒー・ハウス

しかしこうしたさまざまの圧力にもかかわらず、コーヒー・ハウスはますます増えてゆく。そしてロンドンにも店が開かれるのである。すなわち、一六五〇年にジェイコブがオクスフォードにコーヒー・ハウスを開いた二年後、ロンドン初のコーヒー・ハウスがつくられた。中東方面を縄張りにしていた商人エドワーズなる人間が、ギリシア人の召使いパスカ・ロゼ（生没年不詳）という男を伴って帰国し、このロゼがセント・マイケル小路《アレイ》にコーヒー・ハウスを開いたのである。この場所はロンドン塔の西北、取引所のあったコーンヒル教区内で、すぐ近くにはセント・マイケル教会があった。この店には、好奇心と珍しい飲みものに魅かれて多くの人間が訪れたようだが、十七世紀後半にロゼが何かの理由でイギリスを追われたため閉店したらしい。ロゼはオランダに渡って新しいコーヒー・ハウスを開き、大いに繁盛したといわれる。

ロゼのコーヒー・ハウスができて四年後の一六五六年に、フリート街《ストリート》に新しいコーヒー・ハウスが開店した。経営者は床屋のジェームズ・ファーという男で、店の名はファー、あるいはレインボー・コーヒー・ハウスと呼ばれた。

まずこのフリート街であるが、場所は市内西部、ラドゲイト・ヒルとストランドの間にあり、フリートという名はテムズに流れ込む支流があったことによる。このフリート街は、エリザベス朝から十九世紀のヴィクトリア女王の時代に至るまで、ろう細工の展示がよく行なわれたことで有名で、ミセス・サルモンのろう細工展は、さしずめマダム・タッソーのろう人形と同じくらいの人気があったのである。

こうした場所に開店したファーのコーヒー・ハウスがレインボーと呼ばれたことは述べたが、これは、かつてはこの店がタバーンであり、店の看板に虹《レインボー》のマークを使っていたかららしい。店先に看板をかけるというのは中世以来のイギリスでは普通のことで、とくに字が読める人間の少なかった時代においては、商売に関係する道具などを絵にして店先に掲げることが多かった。春山行夫氏の『西洋広告文化史』（講談社）によると、十七世紀初め頃のロンドンの酒場の看板には、娘の頭や国王の頭、太陽、人魚、城、半月、鐘などさまざまの絵柄があったらしい。また看板をテーマにした歌に、次のようなものがあったそうである。

紳士は「国王の頭」に、
貴族は「王冠」に、
坊さんは「僧帽」に、
羊飼いは「星」に、
園丁は「バラ」に行く。
破産者の行くのは「世界の涯」で、
馬鹿は「幸福」にもぐりこむ。
酒屋は「三つの樽」に、
修道僧は「尼僧」にゆく。

こうした看板は十八世紀になっても存在しており、風が吹くと無気味な音を立てて鳴ったり、通行の邪魔になったりしたらしい。

さて、このフリート街に開店したファーのコーヒー・ハウスには、主として法律家たちが数多く集まった。そうした常連のひとりにサー・ヘンリー・ブラント（一六〇二―一六八二）という人物がいる。このブラントは旅行家として知られ、『レヴァントへの航海』という旅行記を書いている。またチャールズ一世に仕え、ピューリタン革命の際には王党派を支持した。このブラントについては、伝記作者のジョン・オーブリー（一六二六―一六九七）が小伝を書いているが、その中にコーヒー・ハウスとブラントとの関係について次のような記録が残されている。

二十年ほど前から、ブラントは青年を大学にやることに強く反対していた。……大学で放蕩を覚えるからというのである。あまりにきつくボタンを掛けられたり紐で縛られたりした男は、ボタンを外さないと寛げないのと同じように、大学で学んだことを外して捨てねばならないからというのである。飲酒には大反対だったが、女遊びは容認していた。コーヒーが初めてはいって来た時、真先に愛好者になった。以来コーヒー・ハウスに通い詰めている。特にインナー・テンプル門の脇のレインボー、ファー氏の店によく通った。最近はフラーの家作にあるジョンのコーヒー・ハウスによく行く。

ロンドン最初のコーヒー・ハウスは、コーンヒルのセント・マイケル小路《アレイ》に、教会の真向いにできた。その店は、一六五二年頃に、ボウマンとかいう男（トルコ貿易商人ホッジズ氏の御者で、ホッジズ氏が店を出させた）によって作られた。それから四年ほどして、次のが出来た。床屋のファー氏の店である。セント・マイケル教会の反対側に住むジョナサン・ペインターが、コーヒー・ハウスの、すなわち、ボウマンの最初の徒弟になった。ニューゲイト街《ストリート》の浴場「バニオ」は、一六七九年十二月に新築して開店した。トルコ貿易商人たちが作ったものである。

（オーブリー『名士小伝』橋口稔・小池銈訳、冨山房百科文庫）

文中ジョンのコーヒー・ハウスとあるのは、一六七一年から一六七七年にかけて確かに存在したものらしく、またオーブリーのいうようにフラーという男の家作だったらしい。

さてここで注意しておかなければならないことは、ロンドン最初のコーヒー・ハウスをボウマンという男が始めたと、オーブリーが述べている点である。これは必ずしも間違いというわけではなく、オーブリーがいうように、確かにボウマンという男がコーヒー・ハウスを開いた事実はあるのだ。それならばロゼのコーヒー・ハウスとどちらが早く開店したのか。この点に関しては次のような事情があるらしい。

ロゼが一六五二年に店を開くと、タバーンの経営者たちから例によって批判が巻き起こった。そしてロンドン市長に請願を出して、ロゼがギリシア人であってロンドンの自由市民ではない以上、コーヒー・ハウスはすぐに閉鎖すべきだと圧力をかけたのである。そこでロゼの主人であったエドワーズの友人ホッジズが、御者のボウマンをロゼの共同経営者にしてタバーンの主人たちの非難をかわそうとしたというのだ。ところがボウマンとロゼの共同経営はうまくゆかず、やがてボウマンは独自に店を出す。その店がセント・マイケル小路《アレイ》の、しかもロゼの店の向かいにつくられたらしいのである。しかし以上のような説明に対しては異説もあり、ロゼの店をロンドン最初のコーヒー・ハウスとするか、ボウマンの方が早いかは、はっきりした結論は下せないのである。

それはともかく、このブラントは「イギリスのコーヒー・ハウスの父」といわれるくらい、コーヒー・ハウスをよく利用したらしく、オーブリーの筆致からもそうした事実が充分うかがわれる。たとえばレインボー・コーヒー・ハウスでの次のような逸話が残っている。

かつて彼は、大変な法螺吹き《シャーマー》だった。すなわち、誰にも危害を加えないような嘘を口にする人だった。危害は加えぬが、相手の頭の弱さにつけ込む。たとえば、ファー氏の店で吹いた法螺――セント・オールバンズにある或るインで（ここで看板

チャールズ２世

の名を言う）、主人が石灰岩で豚の飼葉桶を作った。すると豚が痩せはじめて、ダンスやスキップを始めた。山羊のように屋根の上に駆け上がるようになった。この法螺話《シャム》をサー・Hが真面目くさってするのを聞いていた二人の紳士は、翌日馬車でセント・オールバンズまで見に行った。セント・オールバンズでは、誰もそんな話は知らない。全くの嘘であった。その夜、馬車から降りた足で、二人はレインボーにやって来た。サー・Hを見つけ、あんな話をして恥ずかしくないのかと言った。「おや、紳士方」（とサー・Hは言った）「調べに行って来られたのですか？」「さよう」と彼らは言った。「そうでしたか、紳士方」とサー・Hは言った。「貴殿から面白い話を伺ったが、本当とは思えなかった。現場まで行ってみないことには、嘘であることを証明できなかったのだ」これを聞いて、居合せた人たちはみんな、二人の若い紳士を笑った。

（『名士小伝』）

さてこのレインボーは、一六六六年のロンドン大火の被害をも免れて十九世紀まで残ったらしい。しかしその間には、このコーヒー・ハウスもさまざまな歴史を体験し

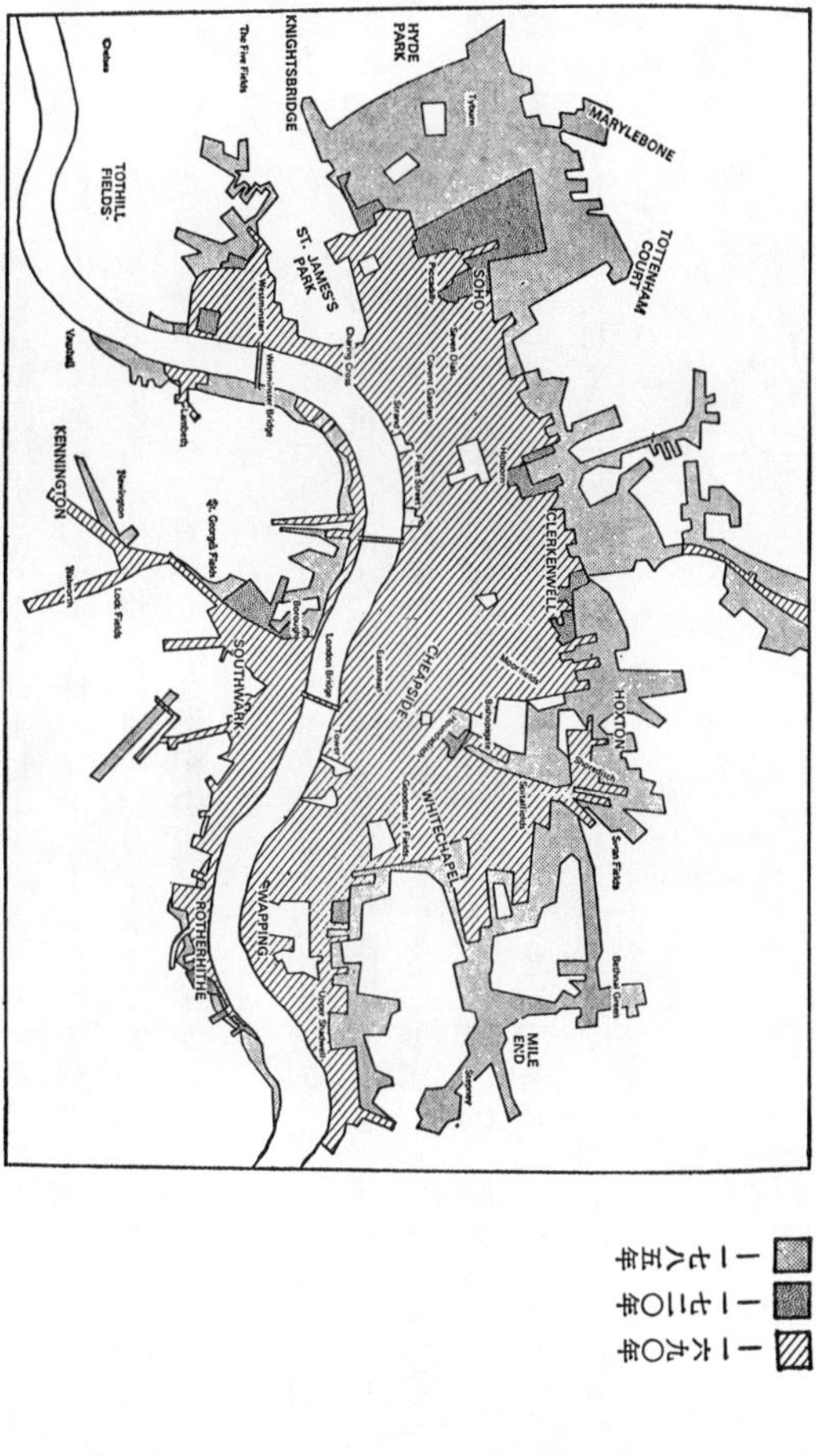

17世紀末から18世紀のロンドンの発展
(*Hanoverian London 1714-1808*, Univ. of California Press)

たようだ。まず経営者のファーは一六八一年に死んでいる。また一六九二年頃には、このレインボーと同じ建物内にナンドー・コーヒー・ハウスというのがあるという記録が残っていることから、経営者の違う二軒のコーヒー・ハウスが隣り合わせで店を開いていたことがわかる。さらに十八世紀には、フリーメーソンの集まりがこの店で開かれていたとの記録があるが、やがて十九世紀中頃にはレインボーがタバーンに模様替えして営業をしていたと伝えられる。

このファーのレインボー・コーヒー・ハウスが開店した四年後の一六六〇年、王政復古となってチャールズ二世が亡命先のオランダから帰国すると、いよいよコーヒー・ハウスが盛んにつくられるようになる。そして主としてコーヒー・ハウスがつくられたのはロンドンであり、十八世紀初頭にはロンドン市内で三〇〇〇軒の店が営業を行なっていたとまでいわれるほどになる。それではいったい、そのコーヒー・ハウスがどのような構造をしていたのか、そこにはどんな人間が集まり、何を飲み、いかなる話題を論じていたのか。

3　文化の〈るつぼ〉

ネッド・ウォードの『ロンドン・スパイ』

エドワード・ウォード（一六六七—一七三一）は、別名ネッド・ウォードと称して、一六九八年から一七〇〇年にかけて『ロンドン・スパイ』という作品を出すと同時に、ロンドンのクラブの歴史についても書いた男だが、この『ロンドン・スパイ』というのは、十七、十八世紀のイギリスの庶民生活を知るためには、今日でも不可欠の資料といってよい。そこには当時のさまざまの巷の話題がちりばめられていて興味深いのだが、その中に、ロンドンに来たばかりの田舎者が、友人に誘われてコーヒー・ハウスへ連れて行かれる場面がある。

「一緒に来いよ。行きつけのコーヒー・ハウスに案内するから」と友人が言う。「この都市《まち》、初めてだろう。なかなか面白いぜ」こう言っているうちに、コーヒー・ハウスとかいうものの前へやって来た。入口は狭くつまずきそうである。階段を二、三段昇ると大きな部屋があるが、内装は古風な感じだ。しかしびっくりしたのは、その喧騒ぶりである。あちらこちらでワイワイガヤガヤ、まるでつぶれかけたチーズ店にネズミが群らがっているみたいだ。やたらと人が出入りするし、何か書いているのもいれば、おしゃべりに夢中なのもいる。コーヒーを飲んだり、タバコを吸ったり、議論をしたり、ともかく部屋中が煙だらけで、まるで船室のようだ。長いテーブルの端、アームチェアーのすぐそばに聖書が置いてあるのだが、そのわきには陶製の水差し、土製の長煙管があり、暖炉には火が燃えて、上に大きなコーヒー・ポットがかかっている。小さな木棚みたいなものがあり、びんやカップにまじって化粧品の広告が置かれているのだが、下の方はと見れば議会が定めた条例文が掲げられ、「酒を追放せよ」「汚い言葉は排除すべし」などと書かれている。

コーヒー・ボーイ

壁の方はと言えば、これまた珍奇なものが沢山置かれている。黄色い液体、錠剤、ヘア・トニックなどのびん、嗅ぎタバコの箱、コーヒーのかすでつくった歯磨、キャラメル、せき止め薬、こうしたものがどれもみな効果抜群、最高級品とばかりに、威風堂々と鎮座ましましている。コーヒー・ハウスだと聞かされていなければ、安物のバーゲン売り場に連れてこられたと思ったかも知れない。まあしかし、こうしてしばらく色々なものに囲まれて座っていると、そのうちコーヒーの一杯も飲みたくなるのだから不思議なものだ。

ともかくすさまじい混乱の場といった印象がうかがわれるのだが、それにしてもコーヒー・ハウスが大いに繁盛している様子が目の前に浮かんでくる。

コーヒー・ハウス全景

ここでコーヒー・ハウスの建物、構造、外観、内部の特徴、性格などについて概観しておこう。まずコーヒー・ハウスには看板が出されて目印の役を果たしている。とくに目立つ看板は木製のコーヒー・ポットを入口につるしたものである。さらに店の名前としては、「アフリカ」「バルバドス」「ジャマイカ」「タークス・ヘッド（トルコ人の顔）」などという異国情緒豊かなもの、あるいは「ジョナサン」「ウィル」「バトン」「サム」など経営者の名前を取ったもの、「ブリタニア」「ブリティッシュ」「ブリストル」「ベイズウォーター」「ドルーリー・レーン」など、イギリスやロンドンの名にちなんだものなど種々さまざまである。

次に建物だが、これはほとんどすべて木造で、しかも一六六六年のロンドン大火以前は、だいたい二階に店があったらしい。『ロンドン・スパイ』の記述のように、階段を数段昇ると店があったわけだ。扉を開けると女性がいて、そこで一ペニー払って部屋に入る。この女性はバー・メイドと呼ばれるのだが、客寄せのために美人を置くということが多いようだ。春山行夫氏は次のように書いている。

一七〇六年にロンドンの風俗を書いたものに、雑談の店（コーヒー・ハウスのこと）の着飾った女性のことがでていて、「どのコーヒー・ハウスでも、店の外側には美しいガラスのランプがつき、店の内側には美しい女がいて、店をあかるい感じにしている」と述べ、それらの美人が「愛嬌のあるまなざしで、タバコの煙にみちた内部へ誘いこむ」と描写されている。（『ビール文化史』東京書房社）

部屋の中にはテーブルと椅子が置かれており、空いている席があればどこでも坐ってよい。テーブルの中にひとつだけ大きなものがあるが、これはコーヒー・ハウスがつくられ始めて間もない頃に、パトロンのためにとっておかれた席で、やがていろいろな話題について議論をするための特別テーブルになってゆく。十八世紀のある文人

コーヒー・ハウスの喧噪

は、コーヒー・ハウスの喧噪の中で、「どれが陰謀をめぐらすためのテーブルかね」と尋ねたそうだ。

さて、あちこちのテーブルには官報や新聞、雑誌などが置かれて客の用に供されている。そうしたものを手にとって読んでいる人間もいれば、まわりの人間に読んで聞かせている者もいる。これはいうまでもなく字の読めない人間が数多くいたことを物語っている。

ともかく初期のコーヒー・ハウスには、身分・職業、上下貴賤の区別なく、どんなぼろを着た人間だろうと、流行の衣裳に身を固めた伊達男だろうと、誰でも店に出入りすることができた。いわば一種の「人間の〈るつぼ〉」的性格を持っていたのである。だからこそ、十七世紀末から十八世紀初頭にかけて急速に栄え、活気溢れる場として繁栄を誇ったわけだが、その一方では怪しげな人間が数多く出没するという点で、批判の対象ともなったのである。

飲みものとタバコ

席に着くと飲みものを注文するわけだが、名前はコーヒー・ハウスでも、コーヒーだけが飲みものではなかった。コーヒー以外に、イギリス人と切っても切れない縁のある紅茶、それからチョコレート（ココア）がある。たとえばエクスチェンジ小路《アレイ》にあったギャラウェイ・コーヒー・ハウスは、とくに紅茶に関して有名であった。またチョコレートについては、ココア・ツリーなどという名前のコーヒー・ハウスもあって、やはり大いに飲まれたようだ。

他の飲みものとしては、シャーベット、ボッケット、サループなどがある。このうち後のふたつは、ササフラスという植物に砂糖を混ぜた飲みもので、十八世紀に入ってコーヒーの価格が一ポンドあたり一一シリングに値上がりしたため、代用によく飲まれたらしい。コーヒー・ハウスでのこうした飲みものの値段は一杯一ペニーだったようだが、これも時代を経るに従い値上がりはしているだろう。

ここで重要なことは、アルコール類が初期のコーヒー・ハウスでは出されなかったことである。時代を区切っていうと、一六六〇年の王政復古に至るまでは、ピューリタニズムの影響のためか酒類は出されなかったし、王政復古以降、十八世紀になるまでも、酒はほとんどの店で出していなかった。

その理由としては、すでに述べたように、コーヒーがアルコールに対して二日酔い特効薬という触れ込みで流行した飲みものだったことがあげられ、したがってタバーンといわれる酒場に対し、ノン・アルコールのコーヒー・ハウスという位置づけがコーヒー・ハウス経営者の頭の中にあったことが考えられる。またピューリタニズムという、ある意味では生真面目な宗教を後楯にしてイギリス社会を支配したピューリタン革命期には、従来からあったタバーンやインではなく、新興のコーヒー・ハウスという訳のわからぬ場でアルコール類を供することには、批判があったのではなかろうか。コーヒー・ハウスに客をとられたタバーンの経営者たちが裏で圧力をかけて、コーヒー・ハウスへの酒類の卸をストップさせた可能性もあるらしい。

しかしその一方、酒類が出されないことでコーヒー・ハウスの秩序がかなり平穏に保たれたともいえる。当時の記録によれば、コーヒー・ハウスでは酒が飲めないので、どうしても酒が飲みたい客は近くのタバーンへ行って一杯ひっかけ、また戻ってはコーヒーを飲んで議論を続けるといった光景も多く見られたようだ。

『ロンドン・スパイ』でもうひとつ気づくことは、ともかくタバコの煙がすさまじいという点である。十七世紀後半からタバコの値段が大幅に下がり、そのため一般庶民にもタバコを吸う習慣が広まった。たとえば一六一四年から一六二一年にかけてのイギリス国内のタバコ消費量は一四万ポンド、これが一六九九年から一七〇九年にかけては三〇万ポンドで、一九〇七年のイギリスのタバコ消費量よりも多いという数字が出ている。このため新しい商売としてタバコ屋が大いに繁盛したらしい。

現在でも喫茶店によっては紫煙のすさまじいところがあり（しかしこの種の店は、今はきわめて少数である）、それがまた一種独特のムードを生み出していることもあるが、十七世紀末のイギリスでは店に排煙設備などあるわけもなく、相当にひどい煙害に悩まされていたのではあるまいか。そのために嫌煙権を主張するようなグループもあらわれ、上品なコーヒー・ハウスでは喫煙を断わるケースもあった。

ところがこうしたタバコの流行が、十八世紀を迎える頃からいささか様変わりして、嗅ぎタバコ《スナッフ》がはやり始める。これは当初は上流階級のステータス・シンボルとして精巧な細工をほどこしたタバコ入れとともに、大いにもてはやされたのだが、これがやはり一般大衆にも広まる。そうなると、店によっては嗅ぎタバコのみの「喫煙」を認める場合も出てくるので、コーヒー・ハウスのすさまじい煙も徐々に改善の方向に向かっていったのである。

ところで、コーヒー・ハウスにはさまざまの人間が出入りすると述べたが、そうした人間を相手に、さまざまの新製品を並べたり、広告、見本などを店内に置いて客の注意をひくことも行なわれた。『ロンドン・スパイ』からもそうした様子が充分うかがわれるのだが、そのほかにも盗品を見つけたものへの報酬を書いた広告、実母を探す男の広告、逃亡奴隷捜索依頼などが壁に貼られたり、テーブルに置かれている。なかにはこんなアピールもある。

熟年独身男より

女性たちよ、愛こそ上品かつ優雅なる会話をより磨き、人の魂に最も心地よき幸福を与えるものなり。それゆえ私を、この私を愛せよ。私こそ貴女方に最も熱烈な愛を抱くものゆえ。

しかしコーヒー・ハウスに置かれたもので最も重要なのは、新聞・雑誌類などのいわゆるジャーナリズム関係のもので、コーヒー・ハウスとジャーナリズムの発達とは切り離し得ない関係があったといってよい。

コーヒー・ハウス利用規則

酒類は出されないコーヒー・ハウスではあったが、さまざまな人間が自由に出入りするために、時として厄介なことが起こる可能性もあった。そこであるコーヒー・ハウスでは「コーヒー・ハウス利用規則」なるものを設けて、ケンカや、宗教問題を議論すること、また賭博などを禁止し、これに違反した客からは罰金を取るとした場合もある。ちなみにサイコロやトランプなどによる賭博も、酒と同様に初期のコーヒー・ハウスでは御法度とされ、そのために議論の喧噪はあったにしても、総じて秩序が充分に保たれていたといってよい。その点では、二階が賭場で下が酒場というような十八世紀によく見られるロンドンの光景とは、だいぶ大きな開きがある。しかしコーヒー・ハウスでの賭博の禁止は、十七世紀末くらいから徐々に崩れ、十八世紀にはサイコロに興じる姿が多く見られるようになる。

コーヒー・ハウスの利用についてもうひとつ指摘しておきたいことは、男性以外の客は立ち入りを許されなかった点である。「人間の〈るつぼ〉」といっても、人間の半分のみが許されて入ることのできる世界で、その点では明らかな差別が行なわれていたといえるかもしれない。また見方を変えれば、男性にとっては格好の逃げ場だったとも考えられる。なぜ女性が入れなかったのか、その理由ははっきりしないが、ともかく男ばかりが集まって口角泡を飛ばして議論をする上に、年中店に入りびたっているような男もいたのである。

そこで、コーヒー・ハウス通いで家に居つかない夫に腹を立てた女房たちが、一六七四年に「コーヒー反対の請願」を出した。この中で女性たちは、男がコーヒー・ハウスに入りびたって自分たちをちっとも構ってくれないこと、コーヒーを飲むために男性の子種がなくなったり、生産力が落ちて、将来人類は絶滅するか、猿みたいな人間が生まれるかのどちらかになってしまうことが予想されるので、速やかにコーヒー・ハウスを閉鎖して欲しいと訴えている。ところがこの請願が出されるとすぐに、匿名のパンフレット『女性によるコーヒー反対請願への男性の回答』なるものが出て、こうした女性の側からのコーヒーに対する反対論を茶化すという動きがあった。結局この論争は決着をみることなく終わったのだが、このような請願を契機として、政府側はコーヒー・ハウス取り締まり強化の方向を打ち出してくるのである。

コーヒー・ハウスの利点

以上がコーヒー・ハウスの主な特徴と、それにまつわる初期のエピソードだが、それではなぜこれほどコーヒー・ハウスが隆盛をみることになったのか、男たちが家をほとんど顧みずコーヒー・ハウスに入りびたることにいったいどんな利点があったのか、その点を考えてみよう。まず十七世紀末に発行された『コーヒー・ハウス点描』と題するパンフレットを見ると、そこではパブと比較してコーヒー・ハウスがどれほどすぐれているかが述べられている。

第一に値段が安い。友人と待ち合わせをしたり、会ったりする際、パブに行けばすぐに財布が空になる。エール・ハウスでは次から次へと盃を重ねてしまう。ところが、ここコーヒー・ハウスでは、一ペニーから二ペンス払うだけで二、三時間いられるし、雨露をしのいで、暖炉のぬくもりを味わい、話に打ち興じることができるのだ。お望みとあらば、パイプでタバコも吸える。しかもこうしたことが、誰にも文句をいわれずできるわけだ。

第二に、酒がないので真面目な雰囲気である。どういう理由によるのかしらないが、当今は仕事、商売の話はパブで行なわれるのが普通になっているようだ。パブで商談となると、つい酒を飲み過ぎ、頭がぼんやりして眠くなったりする。ところがコーヒー・ハウスというようなものができたおかげで、コーヒーを一、二杯飲みながら商談をすすめることができるので、仕事がうまくゆく。

最後に、楽しめるという利点がある。若い紳士や商店主にとって、午後の一、二時間をつつましく有意義に過ごすのに、コーヒー・ハウスほど良い場所もなかろう。仲間にも会えるし、コーヒー・ハウスの慣いとして自由に歓談ができるのだ。誰でもひっそりと話をしたり、話をもちかけたり、答えたり、気の向くままにできる。したがって、あれこれ考え合わせてみると、コーヒー・ハウスを批判したりする向きもあるようだが、正直いってこれほどうまく秩序の保たれている場所もないのではあるまいか。コーヒー・ハウスは健康の殿堂、真面目な心を育み、倹約に喜びを見出し、礼儀を学び、独創の才を自由に発揮できる場所なのだ。

これはまた手放しの賞賛ぶりだが、安い値段で、仕事にも娯楽にも大いに役立つとなれば、はやらないわけがない。しかもコーヒーは二日酔いその他、いろいろな病気に効くという触れ込みである。男性たちが押し寄せたのもうなずけるではないか。しかも十七世紀の中頃までのイギリスというのは住宅事情があまりよくなく、家で人と会ったり、商売の話をするなどというのはできない相談だった。その意味でもコーヒー・ハウスが栄える土壌として有利だったといえる。

さまざまなコーヒー・ハウス

王政復古以後、それこそ「雨後の筍」のごとくコーヒー・ハウスが増加する中で、個々の店にいろいろな特色が見られるようになった。その点を考えるために、同時代の二つの資料を見ておこう。

まず第一は『イギリス小史』と題する作者不明の本である。発行年月はわからないが、内容からみて十八世紀初めと推定される。いささか長いので適当に省略して紹介するが、後半の部分はさながらコーヒー・ハウス一覧表といった趣がある。

ロンドンには数多くのコーヒー・ハウスがあるが、これはコンスタンティノープルで見たものと一緒の光景である。さてコーヒー・ハウスの外観はとりたてて説明するにも及ばないので、内部の様子で目立つ点を紹介しよう。まず多くの男たちが時間つぶしにやってきている。こうしたコーヒー・ハウスは商人たちがよく集まる場所であるが、もちろん暇人もたくさん来るのだ。したがって人を捜すには住居よりもコーヒー・ハウスを訪ねた方がよい。コーヒー以外にも数多くの飲みものが出されるが、初めはこんなものをゆっくり味わっていることはできない。タバコを吸い、ゲームをし、官報を読む。コーヒー・ハウスでは国事が論じられ、外国の貴人との間に条約が結ばれたり、破棄されたり、最新のニュースが世界中に知らされたりする。ひと言でいえば、ここではイギリス人が何でも自由に議論をし、あっという間にみんなが知り合いになる。ひとりひとりの性格も、英語を知らない人だろうと、静かにまわりの話に耳を傾けていれば、幾分かはわかるようになる。こうしたコーヒー・ハウスはロンドンでも最も愉快な場所で、私見によれば、商売の相手を捜すのにもふさわしいし、家にいるより快適に時間が潰せる。しかし一方、店の中は汚いし、タバコの煙で見張り小屋のようだし、混雑もひどい。

さて個々のコーヒー・ハウスについて述べると、宮廷近くのコーヒー・ハウス、たとえばホワイトやセント・ジェームズ、ウィリアムなどの店では、話題は主として装身具、香水、競馬、流行のモードなどである。ココア・ツリーでは賄賂、腐敗、汚職高官、政府の失政などが話題となる。スコッチ・コーヒー・ハウスはチャリング・クロスの方にあるが、ここでは地位や年金、ティリヤードやヤングマンでは、誰が侮辱されたとか、名誉がどうの、決闘をするなどという話題が多い。ちなみにこのあたりでは最近決闘が増えたらしく、医者が年中待機しているとか。セント・ポール大聖堂の方では法律の話、フリート街のダニエル・コーヒー・ハウスでは子供が生まれたことや、家系の話題。チャイルドやチャプターなどのコーヒー・ハウスでは、土地や税金、ノースでは選挙、ハムリンでは幼児洗礼、自由意志などの問題。バトソンでは胡椒の値段など。取引所近くのコーヒー・ハウスでは、もちろん株や相場師、イカサマ師の話題である。

以上のように、コーヒー・ハウスも地域によって話題が異なってきていることがわかる。それとともに、ある職業の人間が特によくみられるコーヒー・ハウスが生まれて、店の特色がはっきりと出てくる。たとえば次の文章は、ジョン・マッキー（？―一七二六）という人間が書いた『イギリス旅行記』で、時は一七一四年である。

　ペルメルという通りに家を借りたのだが、ここはロンドンにやってきた人がよく住む場所である。というのも宮殿や公園、国会議事堂、劇場、チョコレート・ハウス、コーヒー・ハウスなどに近いからだ。そして、こうした場所には貴顕紳士がしばしば現われる。その生活ぶりはというと、次のようなものだ。朝は九時までに起き、上つ方の朝の謁見に行く人は十一時頃に出かけるか、オランダのようにモーニング・ティーにおもむく。十二時頃、伊達男《ボー》たちはコーヒー・ハウスやチョコレート・ハウスに集まる。そういう店の中でも最高級は、ココア・ツリー、ホワイト・チョコレート・ハウス、ジェームズ、スミルナ、ミセス・ロチフォード、ブリティッシュ・コーヒー・ハウスなどで、これらの店はみな近くにあるから、ものの一時間もしないうちに知人の顔を見てまわれる。

　さて天気が良ければ、二時頃まで公園をぶらぶらし、それから昼食になる。天気が悪ければ、ホワイト・コーヒー・ハウスでトランプ、あるいはスミルナかセント・ジェームズで政治の話である。それからこのことは指摘しておかなければならないのだが、政党、派閥によって行く店が違うという点だ（しかし初めての客はどこでも入れてくれる）。ともかくホイッグはココア・ツリーに行かないし、トーリーはセント・ジェームズには行かない。

スコットランド人はたいがいブリティッシュ・コーヒー・ハウスに行くし、スミルナにはいろいろな人間が集まる。この近辺にはまた小さなコーヒー・ハウスがある。ヤングマンは兵隊、オールドマンは株屋、会計係、廷臣、リトルマンは詐欺師のたまり場である。

二時にはたいてい昼食に出かける。食堂はあまりないが、サフォーク街にフランス人が外国人向けにやっている店があり、なかなかうまい料理を出す。しかし普通はコーヒー・ハウスに集まり、タバーンへ食事に出かけて六時頃までおり、それから芝居に行く。

それにしても、この文章によれば一日のうちほとんど半分近くの時間をコーヒー・ハウスで過ごしているので、これでは女房族が怒るのも無理はないと思えてくる。ただここで重要なのは、今見たように職業によって行く店、つまりなじみの店がある程度決まってくるということは、初期のコーヒー・ハウスがもっていた「人間の〈るつぼ〉」的性格が薄れつつあることを意味し、それがやがてはコーヒー・ハウス自体の変質にもつながるという点である。しかしこの点の詳しい検討は後に譲りたい。

4　ペストと大火

ペスト大流行

王政復古後に繁栄の道を辿ることとなったコーヒー・ハウスにとって一つの大きな試練となる事件が、一六六五年に起こった。すなわちロンドンを襲ったペストの大流行である。

ヨーロッパは中世の「黒死病」を初めとして、たびたび疫病に見舞われているが、この一六六五年のペスト流行も、その激しさの点では「黒死病」にまさるとも劣らないものだった。ともかく当時のロンドン人口約五〇万のうち、およそ七万人が死んだといわれているのである。しかし人口統計など発達していない時代のことであり、実際に死亡した数がこれを上回るものであったとしてもなんら不思議ではない。

しかもそれでなくても死亡率の高い時代であった。やや時代は下るが、十八世紀初めにおいても、とくに子供の死亡率が高く、上流階級の子供のうち三分の一は五歳前に死亡しているという記録がある。アン女王は一七人の子供を産んだが、いずれも早世している。一七〇七年から一七〇八年にかけての一年間で、受洗した幼児が一万六〇〇〇人いるのに対し、死亡した数は二万人を越えるといわれており、また一七三九年では全死亡者の半分以上が十一歳以下の子供、三歳以下だけとれば三八パーセントに達するともいわれる。しかも寒波と雨が続いた一七〇八年から一七一〇年、一七三五年から一七三九年などは、これを上回る数字が出たことは容易に予想し得るのであり、ましてペストの大流行ともなれば、大変な数の死亡者が出たと考えられる。

ペストの流行

さらにこうした数字は記録に残るようなかなり高い階層の人間だけをとって算定したものであり、名もない一般市井の人々、貧民層などを加えれば、その数はずっと増すであろう。実際、統計学者のグレゴリー・キング（一六四八－一七一二）が一六六八年のイギリスの人口を調べて算定した数字によれば、五五〇万人のうち少なく見積っても三分の一はやっと日々の食事を手に入れられるくらいのレヴェルにあるとされる。キングの統計は今日からみれば信用しがたい面もあるが、かなりの数の人間が貧困にあえいでいた点は間違いない。そうしたなかでロンドンは、十七世紀中頃から農村部からの人口流入が急激に増えて人口密度も高くなっていた。そのような時期にペストが襲ってきたのである。

わが国では『ロビンソン・クルーソー』のみが人口に膾炙《かいしゃ》しているダニエル・デフォー（一六六〇―一七三一）の作品に『ペスト』、あるいは『疫病流行記』というのがある。これはさまざまの文献や、他人からの聞き書きをもとにして、一六六五年のロンドンのペスト流行の様子を再現してみせた作品であり、一見無味乾燥とも思えるような乾いた文体で、いたるところに数字、統計をさしはさみながら惨状を綴るデフォーの筆は、異常な迫力を持つといえる。デフォーは冒頭から不気味な調子をただよわせる。

ダニエル・デフォー

それはたしか一六六四年の九月初旬のことであったと思う。隣近所の人たちと世間話をしていた際に、私はふと、疫病《ペスト》がまたオランダにはやりだした、という噂を耳にした。

（『ペスト』平井正穂訳、中公文庫）

このあとペストの噂はしばらく立消えになるのだが、突然ロンドンに流行の気配が現われる。

ところが、同じ年の十一月の下旬だったか、それとも十二月の上旬だったかに、突然二人の男が（二人ともフランス人だったそうだ）ロング・エイカーで、というよりむしろ、ドルーリー小路《レイン》の上手の端の家で、疫病のため死んだのである。二人が泊まっていた家の者は、できるだけこのことを隠そうとつとめたらしい。しかし、いつのまにか近所の話題にのぼり、やがてはついに当局者の知るところとなった。さっそく、もっと調べて、真相をつきとめようということになり、内科医が二名、外科医が一名、その家に出向いて、検屍をするようにと命ぜられた。そのことはただちに実行された。はたして死体には疫病の徴候がはっきりと現われていた。

（『ペスト』）

こうしてペストはロンドン中にどんどん拡がり、田舎への疎開、ペストの伝染を防

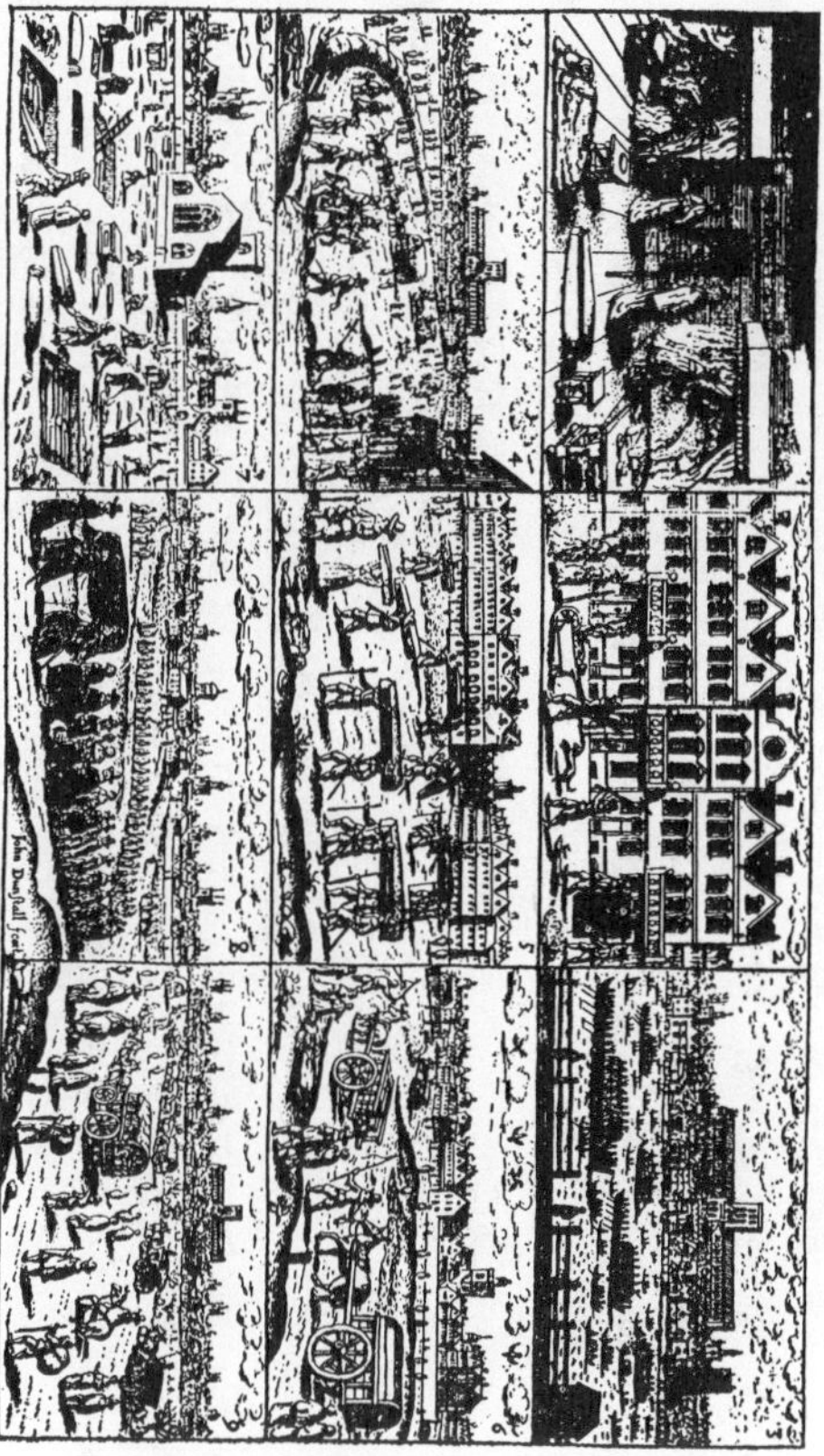

ペスト流行の様子（1665-66年のブロードサイドより）
疫病の発生から，街を捨てて逃げてゆく人々の姿まで，順を追って描かれている。

ぐためのさまざまな措置、それにもかかわらず暑さが増すにつれて増加の一途を辿る死亡者の数、見捨てられた女子供の泣き叫ぶ声、患者の苦しむ姿などが、これでもかといわんばかりに描き出される。

なかでもペストの流行にあたってロンドン市長と市参事会が出した布告にある、「監視人《ウオッチマン》」の制度と、感染した家屋の閉鎖及び転出禁止という条項は、ペストの蔓延を防ぐ処置として止むを得ないものだったとしても、現実にそれらが執行される光景は悲惨なものであった。まず監視人とは次のような職務を帯びている。

〔監視人《ウオッチマン》〕

すべての感染家屋には二名の監視人を置く必要がある。一名は昼勤とし、一名は夜勤とする。監視人は監視を命ぜられた感染家屋に対していかなる者も出入りしないよう厳重に注意しなければならない。もし職務を怠った場合は厳罰に処せられる。なお監視人は当該家屋が必要とするような種々な用事を果たす任務を有し、もし用件のため他出する場合には、その家の錠を下ろし、鍵をみずから持参しなければならない。勤務時間は昼勤の監視人は午後十時まで、夜勤の監視人は午前六時までとする。

(『ペスト』)

こうした監視人のもとで、ペストに感染していることが判明した家屋は閉鎖され、入口の中央に赤十字の標識をつけて「主よ、憐れみたまえ」の文字が記される。この印がつけられた家からは、誰も転出することはできず、また着物や家具類の持ち出しも禁止される。つまり完全な隔離状態におかれることになるのである。デフォー自身も述べているように「実に無情とも残酷ともいえる」規定ではあったが、公益のためには仕方のない方法だったのである。

災厄の都市《まち》・ロンドン

やがてペストはロンドン全域に拡がり、死の都市《まち》と化してゆく。

ロンドンの風貌は今やまったく一変して、もはや昔日の面影はなかった。あらゆる大きな建築をはじめ、市も、自由区域も、ウェストミンスター地区も、サザク地区も、すべてが一変してしまったのだ。（『ペスト』）

当時のロンドンは、まだ中世の名残りが数多く残っており、民家は木摺りとタールと漆喰とでつくられていた。しかも今日のロンドンと比べてはるかに狭い地域に、貴族の大邸宅と貧乏人の家とが軒を接するようにしてたち並んでいる。しかもそこに、過剰とも思えるくらいの人間が住んでいた。たとえばノン・フィクション作家ジェームズ・リーサー（一九二三―　）は次のように書いている。

過剰人口といっても無茶苦茶であった。三部屋しかない一軒家に、二〇人、三〇人、四〇人という人数がすし詰めになって、眠るも食うも輪番というありさまだった。臭気ふんぷんとした横町が、めったやたらに曲がりくねり、てんで無計画に広場《ヤード》や横地に通じ、街路から街路へと通じていた。無蓋の下水が街路のド真中をチョロチョロと流れ、夏ともなれば真黒な蠅の群れが唸り声をたてるし、雨のあとには、すさまじい水勢の危険な汚物の濁流と化してしまう。たいていの家には樋などはなかったから、雨水は軒からいくつもの滝をなして流れおちる。このドブ川に、台所のゴミや廃物は一切合財、流れこむ。道路掃除人がわりの犬・猫・豚・乞食どもがどうにも始末しきれなかったものはつぎの豪雨がやってきて粗末な暗渠のなかを押し流してくれることになる。道ゆく人は、この川とも道ともつかぬところを、なんとか跨ぐように歩いてゆかねばならないのだが、同時に、上方の家の窓から家

ロンドンの不潔（ホガース『一日の四つの時――夜』）

の者が、通行人のことなどおかまいなしに、「どいて！」ともいわずに浴びせかける前夜の糞尿桶のものを、ひっかけられないように気をつけていかねばならないのだ。汚れが足につかないようにと、「ペトゥン」と称するものを付けて歩く人もたくさんいた。これは靴の底につける奇体な金属製の底板で、家のなかにあがるときは、取りはずせるようになっていた。（『ロンドンの恐怖』由良君美訳、河出書房）

当時のヨーロッパの都市、たとえばパリなどはロンドン以上に不潔であり、その点では同時代の江戸の方が圧倒的に清潔だったといわれるが、それにしてもペストが拡がるのは当然とも思われるような状況である。

中世のロンドンではテムズ川の橋の上に有料トイレがあって、そこで裕福な階層は用を足すということが行なわれていた。「利口者は橋の上に、愚か者は橋の下に」という言葉が残っているように、貧しい層はやはり不潔な環境を強いられていたのだが、一三四七年から一三四八年にかけて起こった黒死病で、このトイレも廃止された。水洗トイレが本格的に普及し始めたのは十九世紀になってからのことで、それまではあまりきちんとした下水道整備は行なわれていないのである。

おまけに一六六四年の十一月から一六六五年の三月まではロンドンは異常な寒波に

襲われ、テムズ川が氷結するほどだったのが、やがて夏になると一転してすさまじい暑さとなってペストの流行に拍車をかけたのであった。

ペスト対策とコーヒー・ハウス

以上のようなロンドンの様子を身をもって体験し、その惨禍を克明に書き残したのが、例の日記作者ピープスである。彼はこのペスト大流行の期間のほとんどをロンドンで暮らし、市内の様子を日記に書き記し、一方では仕事と女漁りにも精を出していた。しかもそういうピープスには、ペストの魔手は襲ってこなかったのである。

今日まったくつらいことに、ドルーリー・レーンで赤い十字のしるしを戸口につけ、「主よ、われを憐れみ給え」と張り札をした家を二、三軒見た――悲しい光景だった。この種のものを見たのは、覚えている限りではじめてだから。自分の体と匂いが変に思えてきた。それで葉タバコを買って、匂いをかぎ、嚙まずにはおられなかった――そうするうちに心配は消えていった。

（『サミュエル・ピープスの日記』）

タバコの匂いを嗅ぎ、それを嚙んだのは、臼田昭氏がいうように、コーヒー・ハウスで覚えた予防策だったのだろう。しかしペストに対する予防策や特効薬については、誰もてんでばらばらのことをいうので、どれが本当に効果があるのかわからないというのが実情であった。コーヒー・ハウスを訪れたピープスは、みながそれぞれまったく反対のペスト対策をいうので困ったと書いている。したがってロンドン市民にとっては、この災厄の町を脱出するのが最も良い方法だと思われ、やがてペスト患者を放り出して市外へ逃れてゆくのである。

ところで、これほど大きな惨状を呈したペストの流行は、当時増えつつあったコーヒー・ハウスにどのような影響を与えたのか。まずすでにあげたロンドン市長および市参事会の布告によって、タバーンやコーヒー・ハウスなどへの出入りが時間を区切って禁止された。

〔酒楼〕

料亭、タバーン、コーヒー・ハウス、酒蔵における過度の痛飲は、当代の悪弊であるとともにまた実に悪疫伝播の一大原因であるから、厳重に取り締まる必要がある。当市古来の法律と習慣に準じ、今後夜九時すぎ、いかなる者、またいかなる団体といえども、料亭、タバーン、またはコーヒー・ハウスに出入りすることを許さない。違反者は当該法律に準じてこれを処罰する。（『ペスト』）

こうした通達にもかかわらず、依然としてコーヒー・ハウスを訪れる人間は多かった。ただ、ペストのことはやはり気になっていたようで、まず店に入る前に中をぐるりと見回し、知り合いがいてもすぐにはそばに近寄らず、「御家族はみなさんお元気か？」などと遠回しに相手の健康を確かめてから同席したらしい。ところが「どうも家内の具合が」などという返事が戻ってきた場合は、あわてて席を変え、ひとりでコーヒーを飲んでいたのである。

一方、コーヒーがペストの予防薬になるという声も、まことしやかにささやかれた。たとえばデフォーは、ペストが流行するとさまざまな薬の広告があちこちでみられるようになったと報じている。

一方、家の門柱や町角などにはおびただしい医者の広告や、いかさま師の貼紙が貼ってあったが、これなどは見たことのない人にはいくら説明してもわかるまいと思う。それは、何だか得体のわからない医術の効能を嘘八百ならべたてたり、治療を受けにどしどしお出でくださいといった広告であった。だいたいは次のような美辞麗句が掲げられてあった。たとえば、「疫病予防丸薬、効能確実」、「伝染病予防薬、効目絶対保証」、「空気汚染に対する妙薬」、「疫病にかかった時の健康維持法、絶対間違いなし」、「防毒丸」、「疫病予防酒、効目無比、新発見の妙薬なり」、「悪疫万能薬」、「正真正銘の防毒酒」、「特効解毒剤、いかなる伝染病にも卓効あり」

（『ペスト』）

このようなインチキくさい薬の広告、パンフレットなどは、コーヒー・ハウスの中に数多く貼られたり、置かれたりしていた。一方、怪しげな医者が客寄せに次のような広告を出したものもある。

「当方、有名なる高和蘭《ハイ・ダッチ》の医師、オランダより最近渡来せし者、先年アムステルダムに起こりし疫病大流行の際、終始国内に居住し、疫病に罹《かか》りし者を多数治癒せしめたり」

「当方、ナポリより到着早々のイタリア貴婦人。ひとえに辛酸をなめた結果みずかずから発見せる門外不出の予防法を伝授す。彼地における、日に死亡者二万を出せし先ごろの流行の際、奇蹟的治療に成功せり」　（『ペスト』）

コーヒー・ハウスにはこうしたインチキ医者、ニセ医者たちが数多く徘徊したのであるが、その点についてはまた節を改めて述べることにしよう。

しかしともかくも、ロンドンを襲ったペストは一六六五年の十一月には終焉を迎えることとなる。これには流行の最盛期にも市内にとどまって治療にあたった医師たちの努力も大きかったであろうが、何といっても天候が変化して、季節が冬へと向かっていったことに大きな原因があるといえよう。

ロンドン大火

ところがペストの災厄が終わってほっとしたのもつかのま、一六六六年にロンドンは再びすさまじい神の怒りを受けることとなった。すなわちロンドン大火である。一六六六年の九月一日（日本流にいえば二百十日）は土曜日であった。この日ピープスはロンドン塔近くの官舎にいたが、翌日は晩餐会を催すので、使用人たちは夜中まで起きてその準備をしていた。明け方、つまり二日の午前三時頃、使用人のジェーンが起こしにやってきた。

ロンドン大火

ジェーンが三時頃起こしにやってきて、市《シティ》の火事の話をしてくれた。そこで私は起きて、ナイトガウンを羽織ると、使用人部屋の窓の所へ行ってみた。火事はどうも、マーク小路《レーン》の裏手の方らしい。そのあとひどい火事になるなどと思ってもみなかったし、また遠くのことだとも思っていたので、床に戻ると寝てしまった。

（『サミュエル・ピープスの日記』）

ところがこの火は、やがて首都全体をおおって、多くの被害をもたらすことになる。

まず火事の拡がる様子を簡単にふり返ってみる。土曜日の深夜、ロンドン・ブリッジ近く、プディング小路《レーン》にあるパン工場から出火。ところがこれは数軒の家を焼いただけで消えたかに見えた。しかし午前二時頃から北東の風が強く吹き始め、やがて火事を避けて道路に運び出してあった家具類の山へ飛び火すると、あっという間に拡がっていった。したがってピープスが再び床に就いた頃には、状況はますます悪くなり、テムズ川に沿って市の中心部へと移ってゆく。そして日曜日中荒れ狂った火は、月曜日になると東の風に乗って市の中心部へと拡がり、四日四晩燃えて、やっと九月五日の水曜日におさまったのである。

では、一体なぜこれほど長い間にわたって燃え続けたのか。もちろん第一の原因はロンドン市内の建物が込み合っていた点である。十七世紀の中頃からロンドンの人口が増えるに従って、狭い地域に多くの建物がつくられてゆく。さらに市内の道路上には、商店の品物が所狭しと並び、それでなくとも汚物などで狭くなっている道をさらにふさいでしまっている。しかも当時の家屋構造は石造りが少なく、ひとたび火が出れば広い地域を焼き尽すことになる。

第二に貧弱な防火体制ということがあった。まずロンドンの水事情から考えると、十三世紀にはロンドンの西北部丘陵タイバーンの泉水を市内に導水していたが、もちろんこれだけでは足りなかったので、テムズ川から水を運んでくる水運び屋を頼りにしていた。こうした運び屋は十五世紀末のロンドンに四〇〇〇人いたと伝えられる。その後十六世紀末にロンドン・ブリッジの北アーチに水車が取り付けられ、テムズ川の水を一日四〇万リットルくらい揚水して供給する体制がつくられ、また一五八二年にはロンドン・ブリッジ水道会社がつくられた。さらに一六〇九年にはヒュー・ミドルトンによるニュー・リヴァー計画が出され、ハートフォードシャーの泉水をイズリントンの配水池にまで送る六〇キロの配水管が完成、また一六六〇年にはリー川上流の水の一部がこのニュー・リヴァーに導水された。しかしこうした上水道の整備にもかかわらず、十八世紀半ばにおいてもロンドン市内のソーホー幹線に水が来る日は月水金の昼間七時間のみに限られていたので、大火発生時に役に立つだけの水を供給することは到底無理だったといえよう。

大火を食い止められなかった要因としてもう一つあげておかなければならないのは、消火用の道具の不備という点である。十七世紀初めには革製のバケツ、はしご、鉄のかぎつめが主な消火器具であった。バケツで水をかけ、あとはかぎつめで家を壊して火の拡がるのを防ぐという方法である。一六二五年に手動製のポンプが特許を得て十七世紀後半に一般化したが、ホースがないため高い所などには役に立たなかった。大火後の一六七〇年にやっと革製のホースが登場したので、ロンドン大火の際にはまだ普及していなかった。またアン女王の時代になってどの教区にも消防車、手動ポンプ、革のパイプ、道の取水器に取り付ける栓などを備え付けることが義務化されたので、大火の際にはまだまだ貧弱な防火体制だったわけである。

さて前年のペストの恐ろしい記憶がまだ残っていた時期にロンドンを襲ったこの災厄には、市民も骨の髄まで悲惨を味わったに違いない。狭い小路を尨大な荷を背負って逃げまどう人々や、旧式の消火ポンプでやっきになって火を消そうとする人、類焼を防ぐために家を取り壊す連中、火事の混乱を避けてテムズ川を船で逃げる人々など、すさまじい地獄絵図が展開されていたのである。

遠くオクスフォードからも火の手が見えたというこの未曾有の大火については、デフォーは残念ながら詳しい記録を残していないが、一方ピープスは例によって惨状をつぶさに日記に書き留めている。

河岸へ下り、船を雇い、ロンドン橋をくぐり抜けると、そこで痛ましい火災が目に入った。……すべての人は家財道具を持ち出そうとし、テムズ河に投げこんだり、もやってある艀《はしけ》の中に運びこんだりしていた。貧乏人たちは火が体に触れそうになるまで家を離れず、それから船に逃げこむか、堤にかけた梯子《はしご》の一つから一つへ、這い下りよじ登りしていた。他にもいろいろある中で、かわいそうに鳩たちは巣を離れたがらず、窓やバルコニーのあたりを飛び交い、何羽か翼を焼かれて落ちるのもいた……。一時間ばかりの間に火事は四方八方に荒れ狂っていたが、誰ひとり消火に努力する者もない様子で、ただ家財道具を持ち出すばかり、あとは火事まかせなのを見届けて、わたしはホワイトホール宮に向かった。

(『サミュエル・ピープスの日記』)

また、もう一人の日記作者ジョン・イーヴリンも、火事の模様を次のように記している。

大馬車にのり、サザークの堤のあたりに出かけた。行ってみると、なんとも陰惨な光景だった。全市が川の近くで恐ろしい炎をあげていたのだ。

(『ジョン・イーヴリンの日記』)

ともかくも前代未聞の大火で、被害の実態については種々の説があり確定できないが、家屋などの固定資産、荷物の運搬費用、消失した書籍、家具類などを合わせた被害総額は、当時の換算で一〇〇〇万ポンド以上に及ぶという推定もある。

一方、死者の数はこれほどの大火の割に少ないようだ。ロンドンでは当時『死亡週報』が発行されていたが、この大火のため印刷機が消失し、九月二十日まで発行されなかった。やっと発行された週報は、八月二十八日から九月十六日までの死亡者数を載せていたが、総数七〇四名、うち一〇四名はペスト死亡者で、大火関係の死者はわずかに二二名と推定されている。

大変な混乱の中であるから、他にも死者はいたと思われるし、また負傷してやがて死亡した者もあっただろうが、それにしても人的損失はかなり少なかったようである。ただ、これは前年のペスト流行の際にもあったことだが、火事の混乱や騒ぎにまぎれて暴行、掠奪を働く浮浪者や、火事の責任を、日頃嫌っているカトリック信者に負わせようとする暴民たちの姿は、かなり多くみられたらしい。

ロンドン復興とコーヒー・ハウス

しかしながら、以上のような損害にもかかわらず、ロンドンの復興は急ピッチですすめられていった。商店もすぐに店を開いたし、一時的に店を移して商売を続けるものもあった。またウェストミンスターの方へ完全に店を移してしまったものもある。また住居も新しくつくられ、数年のうちには多くの人々が住むようになってゆく。ピープス自身に関連したことを例にとれば、勤務先の海軍省は火を免れたし、取引所も一時的にグレシャム・カレッジ近くに移され、それにあわせてピープスが公私にわたって関連をもった人々も、カレッジの近くに新しい住居を構えたので、今までどおりの付き合いができたのである。

一方、復興と歩調をあわせて、大火の教訓を現実に生かす道もとられた。まず建築物に規制措置がとられ、れんがや石造りの家が、木造家屋にとって代わられる。さらに道路の拡張や消火体制の整備などが、国王チャールズ二世の肝煎りで、当局によって推し進められてゆく。こうした復興、再建の様子について、次のような文章が残されている。

グレシャム・カレッジ教授だったウッドワード博士は、クリストファー・レンに送った手紙の中で、「ロンドン大火は、その住民にとっては、いかに悲惨なことであったにせよ、子孫たちにとっては、限りない恩恵であったことを示した」といっている。ウッドワードの言葉は正しかった。あの古い王政復古時代のロンドン――

悪臭ふんぷんたる下水、虫のたかった木造家屋、手をつけられないほど蝟集した街路のある、あの旧ロンドンは、永久に拭い去られてしまった。新しく興ったロンドン市は、多くの人たちから、当代では、世界随一の美しい健康な都市のひとつだと思われた。

一六六七年の緊急処置、「再建法」は明らかに火事の危険防止と下水設備の改善をめざしているものだった。街路は広くされ、古い開放式の下水渠は、もうはやらなくなった。木造家屋は禁止され、法規によって、家屋はれんがないし石造にされねばならぬことになった。狭い道路や小路にのしかかるように立つ破風は禁止され、家屋の大きさと形態は統制された。（『ロンドンの恐怖』）

この指摘はいささか誇張に過ぎるが、復興の槌音は急ピッチで聞こえていたことは間違いない。ところでこの大火によってコーヒー・ハウスはいかなる影響を受けたのだろうか。まず、正確な数は不明だが、かなり多くの店が焼けたことは確かなようだ。なにしろ教会の約八〇パーセントが焼け、多くの公共建築や市場が焼失したといわれているので、とくに人口密度の高い商業地区や繁華街にあったコーヒー・ハウスは相当の被害を受けたであろう。たとえばセント・マイケル小路《アレイ》にはコーヒー・ハウスが建ち並んでいたが、火事の被害をまともに受けて多くの店が焼けている。

しかし、すでに述べたように大火後のロンドン再建は急ピッチで進み、それにあわせて焼けたコーヒー・ハウスのほとんどが一六七〇年代初めには再建されたともいわれており、また大火後にも新しい店の開店が相ついだのである。

さらに重要なことは、大火後のコーヒー・ハウスがこれまでのように狭く薄暗い階段を上った二階にあるという構造ではなく、一階に店があるという形が増え、建物自体もこざっぱりしたものになった点である。防火、安全の面からも、その方がよりふさわしいと考えられたのであろう。そして新聞、雑誌などのジャーナリズムが発達するにつれてコーヒー・ハウスはますます栄え、大火以前、いやそれにも増してさまざまな階層の人間たちが集まり、種々の話題に花を咲かせる姿がみられたのであった。

5　十八世紀の都市ロンドン

十七世紀末から十八世紀のイギリス

宗教戦争に明け暮れ、ペストや大火の被害をまともに受けた十七世紀が終りを迎え、やがて十八世紀へ入ってゆくと、ヨーロッパ全体が明るくなっていったような印象を受ける。古気候学《パレオクリマトロジー》という学問が進むにつれて、十六世紀後半から十七世紀にかけての時代が、これまでにないほどの寒さに襲われ、降水量が多かったため、穀物の生産が最悪のレヴェルにまで落ち込んでいたことが明らかになった。しかし十八世紀が近づいた頃から天候も回復し、穀物生産も向上して、人口が増えてゆく。森の樹木が大々的に伐採されて湿度が減り、爽やかな明るい時代がやってくるのである（もちろん十八世紀にも天候の悪い時期があり、一七〇九年から一〇年、一七一三年から一四年、一七二七年から二八年などは天候も悪く、不作であった）。そして十七世紀前半のような宗教戦争の嵐が静まって、理性を基調とした精神風土が展開される。

もちろん戦火がヨーロッパを襲わなかったわけではない。十八世紀後半にはアメリカ独立戦争、そしてフランス革命があり、また十八世紀の初頭からはスペイン継承戦争やオーストリア継承戦争なども行なわれていた。その点では十七世紀と比べて、一見なんの変化もないように思えるかもしれない。「平和とは戦争と戦争との間の一時的休みの時期」という言葉があるくらい、いつの時代にあってもどこかで戦いが行なわれているのが普通で、その点では十八世紀のヨーロッパも例外ではなかった。

しかし十七世紀が全体として「熱狂主義」とでもいうべき感情と感情との衝突が支配的な時代であり、しかも宗教という、ある意味では自己の全身全霊を賭けるべきものを軸として争ったために、ときとして他者に対して厳しい態度をみせたのに比べ、十八世紀はむしろそうした「熱狂」「感情の爆発」を抑制し、理性、常識、判断力というものによって諸々の事象を処理しようとしたといえるだろう。言葉をかえれば、ひとつの事柄に全面的にのめり込むのではなく、一歩さがって余裕をもちながめ、観察するという態度が支配的になったと思われる。ただもちろんこれは、きわめて大雑把なとらえ方であり、個々の人間、あるいは国によって違いがあることは確かだし、また十八世紀といっても、前半期とフランス革命を控えた後半期とではおのずと変化がみられることは否定できない。

しかし、それにしても十八世紀というのは「啓蒙主義の時代」「光の世紀」といわれるように、相対的にみて社会の秩序は安定し、生活を楽しむという余裕が生まれつつあった時代、あるいは近代世界をつくり上げていった重要な考えである「進歩の思想」が力を得た時代だったことは、やはり事実として認めなければならないだろう。本節では十七世紀末から十八世紀にかけてのイギリス、とくにその柱ともいうべきロンドンの社会生活を、とくにコーヒー・ハウスと関連の深い面に絞って考えてみたいと思う。

十八世紀のロンドン

十八世紀のロンドンの状況を詳しく述べるとすれば、それだけで一冊の本を必要とするだろう。したがって今はそれだけの余裕もない。またこれまでにも折りに触れて、いくつかの点は指摘してきたので、ここでは二、三の事柄を簡単に述べ、その後のコーヒー・ハウスとの関連について語ることにしよう。

第一は、当時のロンドン市内の街灯についてである。すでに述べたことがあるように、大火の後のロンドンの町並はかなり整備されたといっても、まだ道路は陥没していたり、汚物やゴミでいっぱいになっていたりで、道を歩くことはとくに天気の悪い冬などは大変な苦労であった。しかも夜になれば暗くて視界もままならぬし、また泥棒や追いはぎの類も出てくる。たとえばアン女王時代のロンドンに「モホック」と称する一団が現われ、町中を歩きながら女をみつけるとムチでたたいてまわる「ムチたたきツアー」なるものをやって恐れられていた。こうしたこともあってか、十八世紀に入るとロンドン市内に街灯をつけて夜の暗さをなくそうという動きが活発になる。

十七世紀末には起業家のひとりエドマンド・ヘミングという男がロンドンの街灯をつける特許をとり、九月二十九日から三月二十五日までの約六ヵ月間、午後六時から真夜中まで街灯をつけることになっていた。しかしこれもこの六ヵ月間毎日というのではなく、新月の前後に限られていた。またこうした街灯は、教区の中に住んでいる比較的裕福な層が責任を負ってつけたり、あるいは善意によってつけたりということで、場所によっては相変わらず暗い所もあり、またろうそくなども品質の悪いものが使われていたので、大して明るかったとも思えない。

しかし十八世紀、厳密にいえば一七三六年以降は、年家賃一〇ポンド以上の戸主から街灯税を集めて、教区ごとに業者と契約し、街灯会社に雇われた「リンク・ボーイ」という点灯夫が街灯をつけて回るようになった。しかもこの街灯は一年中終夜つけられていたため、かなり明るさは増し、またランプの油もだんだん良質のものが使われていった。こうしてみると十八世紀の後半のロンドンは明るい時代だったといえるのだが、コーヒー・ハウスの最盛期であった十七世紀末から十八世紀初頭のロンドンは、まだかなり暗い町並であったのである。

第二に、十七世紀末から十八世紀にかけてのロンドンの住民の生活レヴェルである。これについては正確なことはいえないが、階層によって相当の開きがあったのは確かなようだ。一七〇九年にデフォーは、イギリスの住民を七つの社会階層に分けている。それによれば、次のようになる。

一、莫大な富をもつ層
二、富裕層
三、かなり生活程度の高い中産階層
四、厳しい労働によって生活をなんとか保っている労働者階層
五、まあまあの暮らしをしている田舎の人間や農夫
六、厳しい生活を強いられる貧民層
七、まったく食うに困っている悲惨な階層

こうした七つの階層が、たとえばロンドンにそれぞれどのくらいの数がいたのかは、これまた明確ではないが、いろいろな資料、研究などを通してみると、第六、第七のいわゆる社会の底辺層は、相当数にのぼるとみられ、一方、一と二のいわゆる富裕層は数自体はそれほど多いものではなかったようである。

しかしなんといっても十七世紀末から十八世紀にかけてのイギリスで目立つことは、第三、ないしは第四の階層が増加しつつあることで、とくに第三の階層は地方に土地を持っている地主階級の二男、三男と娘を結婚させるという方法で、名実ともにジェントルマンへの道を歩んでいたといえよう。十八世紀が中産階級の力の伸びた時

代、市民社会の成立期と称されるのは、こうした点をとらえての評価と思われる。

上流階級の生活

すでにたびたび述べてきたように、少なくとも十七世紀後半から十八世紀前半に至る時代のコーヒー・ハウスには数多くの、そしてさまざまな種類の人間たちが出入りをしていた。そうしたなかで、いわゆる上流といわれる階層の生活ぶりはどんなものであったか。

これについては、漱石がみごとな描写を残している。といってもこれはW・C・シドニーの『十八世紀のイギリスとイギリス人』という書物の一節を、漱石流に翻訳したものだが、読んでいて実におもしろい。長いが引用させてもらおう。

極《ごく》ざっとした所を話すと、ジョージ朝の歴《れっき》とした紳士の生活は先ず、毎朝午前十時に始まるといって好かろう。彼はこの刻限になると自分の化粧部屋で、訪問者を引見する。紳士に取ってはそれが随分と骨の折れる大仕事なので、彼はあらかじめ元気を付けるために cogue of Nantsey を飲む（なにを呑むのだか私には分らない）。それで来客が一同引き取ると、彼は起《た》ってお化粧を始める。物の二時間は全く召使《ヴァレー》の自由になる。その時使用する香水香油の類は夥《おびただ》しいものである。ヴィーナス油、ラヴェンダー水、薔薇《ばら》のatar（不明）、肉桂水《にっけいすい》、またはオー・ド・リュス等で、これを一々衣服持物に振り懸けるのである。それから顔と手を洗う。当時にも今のような好い香のする石鹼《せっけん》があった。次に御白粉《おしろい》を塗る。粉屋の主人よろしくという色になる。髪に油をつけて、てらてら固める。それから薔薇水または茉莉《ジャスミン》水《すい》を手巾《ハンケチ》へ振りかける。襟飾《えりかざり》を結ぶ。鬘《かつら》を被《かぶ》る。この化粧が済んだ所で、漸く昼食をやる。時刻は午後三時頃である。御相伴《ごしょうばん》のある事もあるし、独りの時もある。食事が済むと、剣を下げて、丁寧に帽子《ぼうし》の塵を払って、cockをつけて（註、cockというのは広い帽子の縁《へ》りを二、三ヵ所つまんで、帽子の山へぴたりとつけることをいうので、そのつけ方に色々の流行があった。後で御話をする機会があるかも知れない）勿体《もったい》なそうに、これを頭に戴《いただ》いて、それから姿見《すがたみ》の前へ立って、自分の姿を一応眺めて見る。眺めて見て、これで満足だという段になると、彼は杖を持って轎椅子《セダン・チェヤー》を命じて、威風堂々と咖啡店へ行く。場所はセント・ゼームス宮庭近くにあるのを択《えら》ぶ。大抵はホワイト軒である。この咖啡店で約一時間も政治上の話やら、冗談やら笑話やら、新狂言の評判やら、三面種の風聞やらをし尽すと、女殺しの先生、上唇へ嗅ぎ煙草を塗って、再び轎椅子を招いで此所《ここ》を出る。行く先は劇場である。劇場へ行っても真面目に演芸を観る気はまるでない（本気の見物は考えても竦《ぞっ》とする位である）。ただ彼方此方《あちらこちら》とぶらぶらする。友達をつらまえて話す、笑う、手巾《ハンケチ》を出す、時計を見る。時計を見る、また手巾《ハンケチ》を出す。芝居がはねると咖啡店に行くか、道楽仲間の家へ行って、骨牌《カルタ》を 弄《もてあそ》ぶ。――クリンプ、オムブル、ルー、ホイスト、何でも御座れである。そのうえパンチを鯨飲《あお》って、クラレットの壜《びん》を空《から》にして、二時三時頃まで夜更《よふ》かしをする。帰りにはひょろひょろして、夜番の御情《おなさけ》で自宅まで送り届けてもらう事も珍らしくはない。六片《ペンス》志の心付《こころづ》けは無論の事である。

（『文学評論』）

以上のような生活ぶりだが、ここで二、三注釈が必要だろう。まず cogue of Nantsey という飲みものだが、cogue とは木製のカップで、Nantsey はフランスはロワール地方の地名ナントのことだが、ここではブランデーを意味している。次に atar だが、バラの花びらからとった香料である。また轎椅子（セダン・チェアー）は、十七、十八世紀にはやった乗りもので、日本でいえば駕籠にあたる。棒を二本通したものを二人でかつぎ、屋根は自由に開閉する。中はビロードや繻子を張りつめた豪華なもので、ここに書かれているように、芝居などへ出かける時に乗ったものである。

一方、文中にホワイト・コーヒー・ハウスの名前が出ている。これは正式にはホワイト・チョコレート・ハウスという店で、セント・ジェームズ宮殿の近くにあった。一六九三年に開店し、十九世紀始めまで存在したらしい。十八世紀には beau という言葉がよく出てくるが、これは日本流にいえば粋人・伊達男というくらいのもので、金がある上流の連中で、毎日ぶらぶら暮らしている若い男を指す。このボーがよく訪れた店がこのホワイトであった。

十八世紀のある喜劇の中では、ひとりのボーが友人に向かって、ひょっとしてホワイトにいなかったかと聞くと、「ああ、いたよ。ウィルにもいたけどね」と答える場面が出てくる。雑誌『タトラー』にもたびたび取り上げられるコーヒー・ハウスで、政治家のロバート・ハーリー（一六六一―一七二四）、後のオクスフォード伯などはたびたび出入りしたらしい。といってもハーリーは、この店に集まっている連中は貴族の恥だといって、やって来てはけなすのが常だったようだ。

ところで先ほどの漱石の引用の中にも詳しく書かれていたが、十七世紀末から十八世紀にかけてのイギリスの上流階級の衣服というのは、まことに華美なもので、また化粧、鬘なども男女を問わず念入りだったようだ。

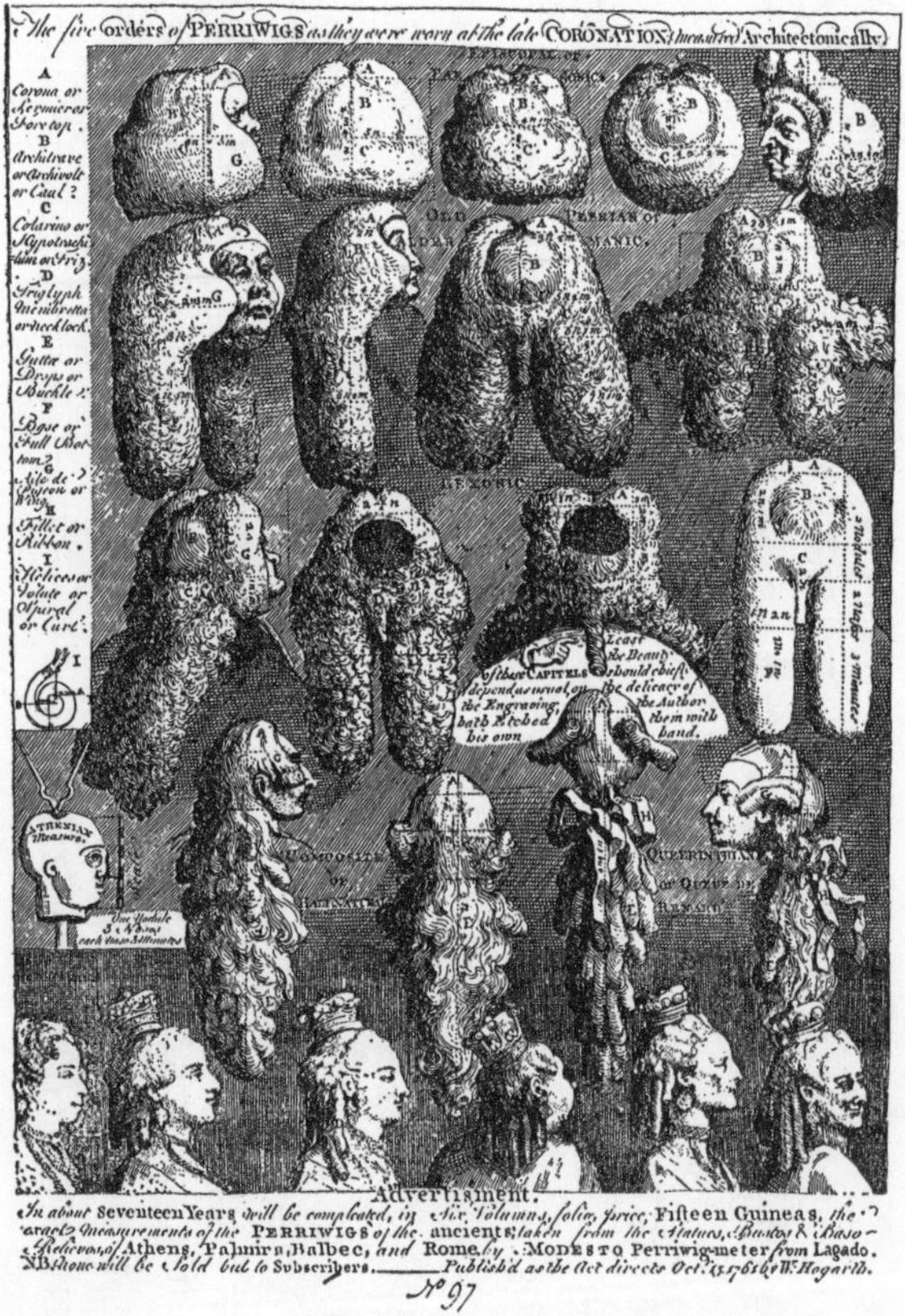
The five orders of PERRIWIGS as they were worn at the late CORONATION Measured Architectonically
Advertisment.
In about Seventeen Years will be compleated, in Six Volumns, folio, price, Fifteen Guineas, the exact Measurements of the PERRIWIGS of the ancients; taken from the Statues, Bustos & Baso-Relievos, of Athens, Palmira, Balbec, and Rome, by MODESTO Perriwig-meter from Lagado.
NB. None will be Sold but to Subscribers. Publish'd as the Act directs Oct. 15 1761 by W. Hogarth.
No 97

さまざまな鬘（ホガース）

コーヒー・ハウスとの関わりから、ここでは男の服装だけに限って述べるが、ともかく派手で、またやや奇妙なものだったようである。まず頭には鬘をかぶるのは、すでに述べたとおりである。しかも身分、職業によって鬘の種類が違ったようで、漱石があげているのをみると、十五種類ぐらいはあったらしい。さらにこの鬘にパウダーをかけて変化をつけることがはやる。

また引用にも出てきたように、帽子も流行している。さらに首や手首にレースをつける。洋服については、これも職業によってずいぶん異なるので、詳しくは図版を参照していただきたい。ともかく服装には大変な金をかけたことがうかがわれるのである。

こうした男たちがみずからの服装を誇示したり、あるいは最新の流行を取り入れたりする場所としてコーヒー・ハウスは欠かせないもののひとつだった。その意味でホワイトよりもさらに有名なものがマン・コーヒー・ハウスである（マン・コーヒー・ハウスは、オールドマンとかヤングマンとか数軒あったが、最も有名なものはロイヤル・コーヒー・ハウスとも呼ばれた。ここではこの店のことを述べる）。

スコットランド・ヤードにあったこの店は、十八世紀においては、こうしたボーたちのたまり場の観があった。とくに多かった客は宮廷の官職から外れた貴族や、戦争、賭博、女などで身代を傾けさせた上流紳士たちで、金のレースつきのコートや、流行の鬘を誇示することでなんとか体面を保とうとしている人々だった。またこの店では嗅ぎタバコ以外は禁止されていたが、これはひとつには流行の服にタバコの臭いが付くのを恐れるためと、今ひとつは嗅ぎタバコの方がよりファッショナブルと思われていたからであろう。

さて、例の『ロンドン・スパイ』の作者ネッド・ウォードはあるとき、この店を訪れた。すると部屋の中でボーたちが、「手に帽子を持って、鬘の前部が崩れるのを恐れてか、向きを変えずに前へ行ったり、後へ行ったりして歩いている」姿に出くわしたのであった。ともかく彼らは鬘のカールを直すのに時間を使い、お互い最新流行の服装を賞めあったりする。しかも話をするときはひそひそとささやくようにして言葉を交わし、声よりもタバコケースのふたをパチパチと開け閉めする音の方が大きい。ウォードはこうした光景を次のような詩に仕立て上げている。

　ここには地位を求める人々が待機し
ずる賢い廷臣たちがあいさつを交わす
そして判断にすぐれていながら運命により愚かになった者どもが

狡猾なパトロンと出会う
ここでは雇われスパイが聖人面して現われ
人の心を探り出す
そして政治家の耳に
集めた情報をささやく

ここでは巧妙な舌でニュースが広められ
聞き入る人々を試さんとする
だが真実は秘密とされ
一方うそは声高に語られる
阿呆なボーは列をなしてここに集まり
小生意気にも
わが主人に向かって「宮廷の御様子は？」などと尋ねる
主人は笑って答えず
だが情報などはどうでもいいのだ

ただ尋ねるのが流行だと思うだけのこと
知識は求めず、ただ服装のみが気がかり
服屋こそ彼らの神なり

だが国に仕え、汚さんとする者よ
来たれこの地へ
欲にふくれた者どもが
間抜けな獲物をつかまんと待っているぞ

中産階層とコーヒー・ハウス

次に中産階層の人間たちの生活ぶりとコーヒー・ハウスとの関連をみてみよう。こうした階層には主として商店主、その店員、あるいは職工、召使いなどさまざまの職業に従事する人間が入るので、かなり幅の広い層になる。例によって漱石の言葉をまず借りよう。

中流の市民にいたってはまず家族と食事をともにした後、十時ごろから各自行きつけの咖啡店に至《いた》て煙草《たばこ》を飲み咖啡を喫し、雑誌類を読む。『デーリー』『パブリック』『レッジアー』『クロニクル』の類である。それから家に帰るかまたは仕事を処理する。午後二時にはChange（取引所）に行って二時間ほどはここで潰《つぶ》す。それから四時になるとdinner《ディンナー》を食う。dinnerを食ったあとは散歩とか娯楽とか朋友《ほうゆう》と会合するとかで日を暮らす。

（『文学評論』）

ここでもコーヒー・ハウスが生活のひとつの基盤をなしていることがみてとれるだろう。同じことは、たとえば一七〇二年のある週刊紙に載った次のような記事からもうかがわれる。

セント・ポール大聖堂近辺の商店主は、六時前に起き、聖堂で祈りを捧げる。七時までの間、神に向かって清く正しく暮らすことを誓い、その後八時まではサック（スペイン産ぶどう酒）を一パイント、ジェンティアン（強壮酒の一種）を少量飲む。九時までは店のカウンターの後ろで商売をし、嘘八百を並べ立てて品物を売りつける。その後午前中いっぱいチャイルド・コーヒー・ハウスで茶とタバコを楽しむ。

（『ジェントルマンズ・ジャーナル』）

午後はどんな生活ぶりかは書いてないが、これから判断すると似たりよったりのものではなかったか。またここに出ているチャイルドは医科大学の近くにあったので、必然的に医者の出入りも多く、一七四五年のある記事では、「ロンドンの医者は午前中はバトソンやチャイルドに現われ、午後は患者を往診する」と書かれている。

このように中産階級の人間にとってもコーヒー・ハウスは日々の生活に欠かせない場であったし、またとくに商売に従事する人間で店を構えていないものは、行きつけのコーヒー・ハウスを根拠地にしておき、そこに自分あての手紙や注文を保管してもらう形をとることも多かった。前記のバトソンなどもそうしたコーヒー・ハウスとしてとくに有名な店であったといわれる。

下層階層とコーヒー・ハウス

一方、中流以下の階層はコーヒー・ハウスとどのような関係をもっていただろうか。これは、結論を先にいってしまえば、上・中流階級と比べると、コーヒー・ハウスにあまり縁がなかったといえる。ただ、中流以下、ないしは下層といっても、はっきりとした定義があるわけでもなく、さまざまのレヴェルの人間がこれに含まれてしまうので、簡単に断定はできない。しかし元来、コーヒー・ハウスは時間的にある程度余裕のある人間たちが主として集まる場所であり、日々の生活に追われている人間たちが、のんびりとコーヒー・ハウスで時間をつぶしているというような情景は考えにくい。むしろ、諷刺画家ホガース（一六九七―一七四六）の絵に生々しく描かれているように、安物の酒ジンに酔っ払って身体をこわしてゆく貧民層の姿が目の前に浮かんでくるであろう。

しかしながら、そうした中流以下の階層、労働者たちの生活とコーヒー・ハウスがまったく無縁であったわけではない。たとえば当時の労働者、職人たちは週給制で、一週間のうち決められた曜日に親方や経営者から給金を直接受け取っていた。ところが金を渡す場所として酒場などがよく選ばれていたのだが、それでなくとも懐が暖かくなるとすぐ酒を飲んで使ってしまう連中だから、場所が悪い。そこでコーヒー・ハウスでまだ酒類が出されない頃は、そこに決められた時間に労働者が集まり、金をもらうというかたちが取られたこともあった。しかしこれとても、労働者がその後どういう場所へ行くか知れたものではなかったのである。

したがってコーヒー・ハウス、とくに十七、十八世紀のものは、まず上・中流階級の一種の社交場として社会的な地位を保っていたといえる。そしてこうした店にそれ

ジンの害（ホガース『ジン横丁』）

よりも下の階層の人間たちが出入りする場合は、なんらかの特別な目的があることが多かった。その意味で見逃せないのはにせ医者の存在である。

にせ医者の跳梁

前にも述べたように、コーヒーの医薬効果については真偽入りまじって喧伝されていた。したがってコーヒーを主として客に供するコーヒー・ハウスには医薬品の広告が種々置かれることは、当然といえばいえないこともなかった。また広告のみならず、試供品が棚などに所狭しと置かれている光景は、どこのコーヒー・ハウスでもよくみられるものだったといってよい。一七一〇年の十月、『タトラー』第一二八号には、そうした薬と、それを調合、販売するにせ医者のことがアディソンによって報じられている。

頭痛、腹痛、また洋服のしみで困っている人は、適切な治療、修理を受けられる。妻を奪われたり、馬がいなくなったとか、あるいは新しい説教書、練薬、ろばのミルク、その他身体や精神に必要なものは、ここ〔コーヒー・ハウス〕へ探しに行けばよい。

二〇年程前には、道を歩けば必ず広告を渡され、そこには「グリーン・アンド・レッド・ドラゴンについて知識を得て、雌のしだの胞子を発見せし」医者などと書かれていたものだ。といってもいったい何のことだか誰にもわからなかった。ところがこのグリーン・アンド・レッド・ドラゴンなるものは大衆に大いに受け、おかげで医者は大そうな羽振りであった。同じ頃、道路の角々に難しい言葉が貼られていた。記憶をたぐり寄せてみると、確か「テトラキマゴゴン」とかいう言葉であったと思う。これが多くの人々の目にとまり、信じられないくらいの好奇心をかき立てたのであった。病気になると、誰も彼もこの学識ありそうな名前の所へ診てもらいに行ったのだ。

私もかつてある広告をもらったが、そこには「三〇年間、ろうそくの灯のもと、村人の健康のため研究を行なってきた」という男のことが載っていた。この男、おそらくは昼間は夜に倍するだけの研究をしたのであろうが、どうも世の注目を集めるには至らなかったようである。

このあとアディソンはさまざまのにせ医者、やぶ医者について語りながら、最後にこう結論を述べるのである。

私自身はというと、これまでまあ生きてこられたのは、節制のおかげだと思う。これこそが病を防止し、最も効果的な治療になることが多いのだ。結論をいえば、「何も飲むな」ということになる。

こうした結論にもかかわらず、にせ医者やインチキ薬が大いに氾濫したようである。だいたい当時の大都市は、ロンドンに限らずきわめて不潔、不衛生で、実際に病に倒れる者の数も多かった。ロンドン大火後に改善がなされたとはいっても、まだま だ今日の水準から考えれば原始的な段階にとどまっていた。とくに有名なのは、下水の不備と、ゴミ収集の不徹底で、この点はすでに述べたことがある。もちろん「スカヴェンジャー」といわれるゴミ収集人もいて、日曜と休日以外は鐘を鳴らして来る建前になっていたが、これもいい加減なことが多かったし、また水曜と土曜には住民が地区の道路掃除を行なうという取り決めがあったが、これもまともにされていたか疑わしい。

さらに十八世紀中頃になってもバスルームを独立して備えている家は珍しかったようで、水も教区の共同ポンプから運んできたり、地下にタンクを備えて、汲んできた水や雨水を貯めることが行なわれていた。

このような状況であるからペストのような伝染病もあっという間に蔓延するし、また抵抗力のない幼児、老人の死亡率はきわめて高かったわけである。そうした事情では、まず第一に求められるのは医者と薬で、そこにいい加減なものが入り込む余地があったのだ。

しかもにせ医者、インチキ薬が数多く出回るようになると、客の目をひくにはどれだけの広告、宣伝をするか、いかに世の注目を浴びるかに勝負がかかってくる。つまり腕よりもショーマンシップが重要なわけだ。たとえばここにジョン・ペッキーという男がいる。父はチチェスターの医者で、本人もオクスフォードを卒業していた。チープサイドに診療所をつくったペッキーは、例によって大々的な宣伝を行なったのだが、みずからつくったちらしには、診療の段取りなどを細かく書いて、これをコーヒー・ハウスに置いてもらったのである。そこには次のようなことが書かれていた。

一、治療にあたるかどうかを決定する前に若干の時間をいただきたい。

二、患者にはまず治療に要する薬の値段をお知らせする。そして要した薬の代価のみをお払いいただく。

三、決められた期間内に回復が見られないときには、薬代はお返しする。

四、回復するか、あるいは治らずに薬代を返還してもらった方には、御本人、または御友人に、お望みとあらば診断書をお渡しする。

ロンドン市内であれば、日中は二シリング六ペンス、ウェストミンスター、サザーク、あるいはその近郊には一マイルにつき二シリング六ペンスにて往診する。使いの方はこの金額を診療所にお届け下さり、患者の名前、住所をお渡しいただきたい。

（『コーヒー・ハウス逸話集』）

このちらしは爆発的な人気を呼び、多くのコーヒー・ハウスで噂の的となった。これに対しては医科大学が批判を加え、罰金を払うよう命じたが、ペッキーは無視し、再三の妨害にもかかわらず、大いに繁盛したといわれる。彼の場合には腕の方もまあ悪くはなかったのだろうが、それにしても見上げた根性ではある。

またペッキーと同じく世間の注目を浴びようと、小さな白い馬に乗り、馬の身体に紫の斑点を描いて、道行く者に誇示した医者もあったらしい。この男は死んだ妻の遺体を派手に飾って、ガラスのふたのついたケースに入れ、診療室に置いて患者にみせていた。これが評判となって多くの患者が訪れ、ずいぶんと稼いだらしい。

一方、腕にはあまり自信がないのでなんとか患者を煙に巻こうと、新手の術策を編み出した者もいる。たとえばタフツという男は、最近帰国したばかりだが、海外で奇病に出くわし、これを治療する方法をマスターしたという触れ込みで宣伝をする。奇病の名前はというと、「月鬱病」とか「飛節髄炎」とか適当なものをこしらえる。そしてどうも気分がすぐれないという人間が現われると、「お気をつけになった方がよろしい。どうも月鬱病の疑いがありますぞ。いや、ひょっとすると飛節髄炎かもしれん！」などといって相手に付け込んでいくのである。

こうしたいい加減な医者の中でも最も有名なのは、ウィリアム・リード（?—一七一五）という男である。彼はもともとはスコットランドはアバディーンの洋服屋であったが、やがて眼科医として名声を得るようになる。とくにリードの名前を世に出す原因となったのは、多くの医者が直せなかったアン女王の眼を、リードが治したとされてからで、彼はその功によりナイトの称号を与えられた。これを誇りに思ったリードは、三文文士を雇って自分の功績をたたえる『眼科医』という詩までつくらせたそうである。

エッセイストのアディソン（一六七二—一七一九）はこの男について次のように書いている。「リードは当代で最も精力的な宣伝屋で、それなりに成功を収めた人間だったといえよう」。アディソンの言葉には皮肉がうかがわれるが、諷刺家のスウィフト（一六六七―一七四五）にいたってはリードを「イカサマ師」と一言のもとに断定している。

インチキ薬横行

さて、以上のようなにせ医者たちが数多くいた一方、わけの分らない薬も大量に出回っていた。そしてこういう薬類もやはりコーヒー・ハウスに置かれたちらしに宣伝文や効能書が載せられたり、また薬そのものが置かれることもあった。

種類としてとくに多かったのは、ペストなどの伝染病予防薬、壊血病や痛風の治療剤だが、なかには効能書をみただけでも首をかしげるような薬があった。たとえばニクソン・コーヒー・ハウスでは「赤面恐怖症の特効薬」の売り出し広告が置かれていたが、この薬の発明者チェンバレン博士は、乳児の歯が生える際に死亡する者がロンドン中で一万二〇〇〇人にのぼることをみて、特別製のネックレスを発明したところ、これをつけていれば一人も死亡しなかったと書かれている。

またジョン・コーヒー・ハウスには塩の一種で「ジェトラポトン」というものが置かれて即売されていた。これをワインに入れて飲むと、酸味などが取れて、あっという間に、香りのないラインワインが完璧なバーガンディに変わるというのである。このジョンというコーヒー・ハウスにはこの手のいい加減な薬類が数多くあったらしく、万能薬のちらしなどがいつも一杯に置かれて有名だったようだ。

この他、レインボー、ナンドー、グリーシャンなどの有名店にも秘薬と称するものが多く置かれていた。たとえばストリンガーという薬屋の残した宣伝文をみるとこんなことが書かれている。

……さて、この薬剤の効能を実験せんとて、老いた牝鶏に大麦と混合して十五日間与えしところ、驚くなかれ、かの牝鶏は若さを取り戻し、新しき毛まではえ来たれり。さらに驚嘆せしは、卵を生み、ひなをかえしたり。さて動物実験ごときでは物足りんとて、次にこの新薬をば人類救済に役立てんと、もはや棺桶に片足を入れし老女に、同薬を十五日間投与したり。さるほどにこの老女またもや健康、若さを取り戻し、顔色つややかにして、髪、歯まで再びはえ来たれり。……したがってよろしく諸兄、この新薬お試しあれ。

（『コーヒー・ハウス逸話集』）

このように多くのにせ医者、インチキ薬などがコーヒー・ハウスに満ちていたのだが、他にもさまざまの種類の人間が出入りしていた。

スリ、泥棒、山師

まずスリにとっては、コーヒー・ハウスの喧噪というのは、願ってもない環境だった。なにしろ議論に夢中になっているために、懐中にまで注意が回らないことが多い。そこでできるだけ派手な、口角泡を飛ばすような議論が行なわれているテーブルに近寄り、神妙な顔つきで議論に耳を傾けるふりをしながら、そっと金をすり取ったりする。

一方、泥棒や強盗にとっては、コーヒー・ハウスは一種の情報源の役割を果たしていた。とくに商売人や株屋などが多く集まる取引所近くのコーヒー・ハウスによく現われ、何食わぬ顔で商人たちの会話を盗み聞きしながら、金品強奪の段取りを秘かに練ったりした。当時のロンドンは警察などの取締りが必ずしもきちんと行き届かず、しかも地方から流れ込んできた人間が職にもつけずぶらぶらと社会の底辺でうごめいているという状況もあり、犯罪者の数も相当なものであったようだ。

たとえば、十八世紀でも最も有名な大泥棒にジョナサン・ワイルド（一六八二―一七二五）という男がいる。『トム・ジョーンズ』を書いたヘンリー・フィールディングが、この男の生涯を題材にした『ジョナサン・ワイルド一代記』という悪漢小説を書いているが、このワイルドは、いわば当時の暗黒街の元締めのような存在だった。といっても、なにかすごいギャング面をしたような男を想像しては困るので、実際はなかなか男前で、流行の服を着こなした紳士といった趣だったらしい。しかもその仕事ぶりは、暴力を使った派手なものではなく、頭を駆使した、いわば知能犯的な面が強かったようだ。

ワイルドの取った方法で最も有名なのは、部下の人間たちを、コーヒー・ハウスやタバーン、あるいは取引所などに潜り込ませて情報収集にあたらせ、金品奪取の手はずを決める。そして盗ませた金品を手元に置いておく。一方、あらかじめ自宅を「遺失物」に関する広告局のようにみせかけて、新聞等に広告を出しておき、金品を盗まれた被害者がワイルドの所へ来ると、その品物について広告を出し、やがて盗品が戻ってきたようにみせかけて礼金をせしめる。こうした手の込んだ方法で彼は大いに稼いだが、やがて逮捕されて絞首刑に処せられた。しかしワイルドについては、当時の民衆たちから大いに人気を得ていたという記録も残っている。

さらにコーヒー・ハウスによく出入りした人間として、わけのわからぬ事業や、組織、団体などの設立を声高にいいたて、一攫千金を夢見る者たちから財産を頂戴する詐欺師、山師の類もいた。この手の人間を総称して「プロジェクター」と呼ぶが、デフォーなどは若い頃には、さまざまのプロジェクトを考え出して、盛んに宣伝していた。しかし彼の場合は、「女性のための学校」というような真面目なものが多く、こうした山師たちとは一線を画す必要があると思われる。

それはともかく、アディソンは、ヘイマーケットから遠からぬコーヒー・ハウスで、ある「プロジェクター」が「ぼろぼろの服を着て、まるで誇大妄想とでも思えるようなことを、早口でまくしたてている」のを聞いたことがあると述べている。また、ある新聞の広告には二〇〇万倍の倍率の顕微鏡や、三〇マイル先まで見える望遠鏡などが、まことしやかに宣伝されている。

賭博の横行

これまであげてきたようなさまざまの人間がコーヒー・ハウスに出入りすることは、一面では店の活気を生み出すもととなっていたが、逆にスリや泥棒の数があまり多くなりすぎると、コーヒー・ハウスの雰囲気が悪くなる。そうした点からみて、とくに十八世紀に入る頃から目立つ現象で、しかも店の雰囲気をやや殺伐なものとしたのは、賭博の横行であった。

一攫千金を夢見るプロジェクターたち

当時のロンドンの住民の娯楽といえば、芝居や仮面舞踏会などは上流人士のもので、一般庶民には市《いち》や闘鶏、熊いじめなどの他、賭博が大きな楽しみであった。漱石がある研究家の文章を引用して述べているように、「社会全体が一大賭博場」の観を呈していた。そのため、人の集まる所ではトランプやさいころの賭博が行なわれる光景が、必ずといっていいほどみられたらしい。

労働者などは一週間分の給料をタバーンやコーヒー・ハウスなどでもらうと、すぐに賭博を始めて使い果たしてしまい、そのために家で待つ家族が食うに困るという状態になることがよくあった。十八世紀の一般庶民の生活を荒らす元となったのは「ジンと賭博」だといわれることがあるが、ジンという安い酒を主として飲んだのが貧困層とすれば、賭博は上流階級から貧しい人々までのあらゆるレヴェルの人間が手を出したものといってよい。そのため、上流階級の若者が賭博などの放蕩によって財産を使い果たし、親から勘当される目にあうこともあった。しかし、むしろ悲惨なのはなけなしの金を使い切ってしまった貧しい

闘鶏（ホガース）

労働者たちで、こういう連中はそのために犯罪に走ることが多かった。当局もこうした事態を憂えていろいろな措置を考えたようだが、なかなか実効があがらず、またコーヒー・ハウスによっては賭博を禁じて健全な社交場としての地位を保とうとした店もあったが、これも一部に限られていた。しかもそうした賭博の流行は、イカサマ師やペテン師などが活躍する絶好の条件であったので、十八世紀前半のコーヒー・ハウスにはそうしたイカサマの「技」を誇りに思うような連中も多く出入りしたのである。

フリーメーソンとコーヒー・ハウス

コーヒー・ハウスに集まった人間たちの中で、もうひとつ触れておかなければならないのは、フリーメーソンという一種の秘密結社に属する会員たちが、コーヒー・ハウスを本拠として会合を開いていた点である。

このフリーメーソンというのは、もともと中世の石工の組合から始まったといわれ、教会をつくるときにあちこちから集まった石工たちが、確かな技術を持っているかどうかを調べるために、儀式を行ない、それによって本物の石工ということが確認されるとグループをつくったのが起源だったらしい。こうした石工は仕事が完成するとまた元の土地へ戻り、そのうちに別の仕事へ出かけ再び同じような組織をつくる。これがやがて国際的な組織にまで発展して、既成の教会組織、たとえばカトリックなどと対立するような結社になっていったのである。

そしてこのフリーメーソンは、十八世紀のヨーロッパで大いに力を持ち、イギリスでもジョージ二世の頃からは活発な活動がとくに目立ったらしい。音楽家のモーツァルトも、このフリーメーソンに属していたし、またカサノヴァも関係があった。あるいは詩人ポープ（一六八八―一七四四）も、このフリーメーソンのひとつ「バラ十字会」の思想に興味をもっていて、『髪毛略奪』という作品の中でも取り上げている。

ところでこのフリーメーソンの集まりが、コーヒー・ハウスでかなり開かれており、それも一軒や二軒ではなく、ざっと数えてみても二〇〇軒以上の店にわたっている。たとえば前に名前を出したことのあるベッドフォード・コーヒー・ハウスでは、十八世紀の後半、たびたび会合が開かれているし、またコヴェント・ガーデンの劇場街近くのローズ・コーヒー・ハウスも、よく使われている。

以上のように、コーヒー・ハウスは十七世紀後半から十八世紀にかけて、都市の中の社交場として、さまざまの人間たちを取り込んで繁栄してきたのである。そこには上は貴族から、下はイカサマ師に至るまでそれぞれなんらかの目的を持ったり、あるいはなんの用もなく訪れたりといった光景が展開されていた。

この時代はいわば近代の生まれる時期、そして都市文化の興隆期ということがいわれるが、そうした特徴はコーヒー・ハウスという特異な場所に集約されていた感があるといっても過言ではなかろう。しかしそうしたコーヒー・ハウスも、実は十八世紀を迎える頃から徐々に変質し、王政復古期の隆盛に少しずつ影が加わってくるのである。

第二章　ジャーナリズムの誕生——クラブ、政党、雑誌

1　コーヒーは政治家たちを賢明にする

コーヒー・ハウスとクラブ

コーヒー・ハウスの政治家たち

コーヒー・ハウスでは当初から政治問題が自由に議論され、それが多くの人々をひきつける理由のひとつになっていた。十八世紀の詩人アレグザンダー・ポープがいっているように、「コーヒーは政治家を賢明にする」ものだったかもしれない。そして王政復古を迎えてコーヒー・ハウスの数が急速に増えると、政治に関する議論はますます活発に行なわれるようになる。そうした政論の場として

のコーヒー・ハウスの姿を見るために、マイルズ・コーヒー・ハウスを取り上げて、その様子をながめてみよう。

マイルズはウェストミンスター・ホールの近くにあったもので、開店したのは一六五九年頃とされるから、ロンドンでもかなり早くつくられた店である。このコーヒー・ハウスは別名コーヒー・クラブ、あるいはロータ・コーヒー・クラブともいわれたものである。

そこでやや話は脱線するようだが、このクラブというものにまず触れておかなければならない。というのも、クラブというものが、一方ではコーヒー・ハウスという場を根城にして組織されている人間のグループという面を持っていると同時に、他方では必ずしもコーヒー・ハウスと関わりを持たないクラブというものが古くから存在し、また十八世紀になっても似たような組織が隆盛をみていることがあるので、クラブの発生、繁栄の足どり、特質などを整理する必要があるのだ。

まずクラブという言葉であるが、これは語源的にはラテン語のキルクス、つまりサークルからきたものらしく、その意味するところは人の集まりである。そもそもクラブの原型ともいうべきものは、紀元前四、五世紀頃からみられるらしく、たとえばアテネには貴族仲間のスポーツ・クラブがあり、またローマ時代になると政治的な色彩の強いクラブもできたようだが、これは公共の秩序にとって危険だということでシーザーによって解散させられた。

一方、イギリス最初のクラブは、ヘンリー四世の頃にトマス・ホクリーブ（一三六六―一四二六）によって創設されたものがこれにあたるらしい。このクラブは会員が食事をともにする、一種の会食クラブで、ロンドンのミドル・テンプル近くの家に集まって会合を開いていた。そしてエリザベス女王の時代以降になると、後世にまで名を残すようなクラブができてくる。

ここで問題になるのはクラブという言葉が意味する内容である。やや繁雑になるが『オクスフォード英語辞典』によっ

ホワイト・クラブ（上）と
ブルックス・クラブ（下）

て意味を確かめておこう。そこではなんらかの人間の集まりを示すクラブという言葉の意味について五つの定義がなされている。

一、タバーン他に社交目的で集まること。社交の集まりで、その費用はメンバーが分担して出す。後には三に示すような定期的に集まる社交の会をさす。

二、互いに関連を持つ人々の一団。初期には政治目的の私的集まりを意味した。秘密会議。

三、互いに共感しあい、共通の使命を持ち、あるいは相互理解しあえる使命を持った人々の集まり、あるいは会合で、決められた規則のもとで、娯楽施設などに定期的に集まり、社交を行なったり協力しあったりした（この意味でのクラブは十八世紀イギリス社会生活の大きな特徴である。……ただ一般的にいうと、十七から十八世紀のクラブというのは二つの方向に発展していった。すなわち、主として娯楽に関連するクラブは、五に説明されているような永続的組織となり、一方ときどき、あるいは一定期間をおいて開かれるクラブは、四の定義に示されるように、普通は娯楽とは異なる目的を持つようになる）。

四、なんらかの目的を遂行させるために結成された集団で、その目的はたとえば、

「登山」「運動」「チェス」「クリケット」「ヨット」などという名前でわかる。

五、社会的な目的をもって結成された団体で（入会者は普通、投票によって決められる）、会員だけが使える専用の建物（あるいはその一部）を有し、休息、時には一時的に寝泊まりすることもできる。会員の目的、職業などによって政治的、文学的、軍事的など種類はあるが、その主な特徴は休息、社交、娯楽である（これは三の定義から自然に発展したもので、やがてタバーンや家を独占して会員が集まり、これがクラブ・ハウスとなった。……）。

以上のような定義をもとにして考えると、先にあげたホクリーブのクラブは一にあてはまるし、またこれから説明するマーメイド・クラブ、アポロ・クラブなども一に属する。そして一の定義からわかるように、こうしたクラブは三に定義されたクラブとつながりを持ち、コーヒー・ハウスなどで大いに栄えるのである。

しかしこの種のクラブも十八世紀中頃になると、四ないし五に定義されたクラブへと分化し（その中には二も含まれるだろう）、閉鎖的な会員組織へと発展するのであって、その意味ではコーヒー・ハウス全盛期の開放的な色合いの強いクラブとは、やや性質を異にするものといえる。

さてエリザベス朝以降のクラブで有名なのは、探検家として名高いサー・ウォルター・ローリー（一五五二―一六一八）が創設したマーメイド・クラブである。これはロンドンのブレッド街《ストリート》にあるマーメイドというタバーンで会合を開いていた。この会合には当代の名士が数多く集まり、劇作家のベン・ジョンソン（一五七三―一六三七）、フランシス・ボーモント（一五八四―一六一六）、ジョン・フレッチャー（一五七九―一六二五）、哲学者のフランシス・ベイコンらが出入りしていたし、またシェイクスピアも訪れたことがあるという記録が残っている。

しかしながらこのマーメイド・クラブよりは、ベン・ジョンソンらが中心となって創設したアポロ・クラブの方が有名であろう。このクラブは一六六一年頃、フリート街《ストリート》にあるデヴィル・タヴァーンで結成されたもので、文学者、貴族らが数多く出入りした。このクラブの様子は次のようなものだったらしい。

テンプル・バーの市側《シテイ》の近く、法律家や文学者たちが多くいる場所に、このタバーンがあり、有名な主人サイモン・ワドローのもと、ジェームズ一世の治世も後半になった頃、文人たちが集まるメッカとなった。このタバーンの二階にある部屋は「アポロ」と名づけられ、ベン・ジョンソンやその仲間たちが会合を開いていた。

（『名士小伝』）

このクラブは会員がすべて男性で、ただ、特別の日には女性の入場を許可することもあった。

その後十七世紀の中頃、つまりコーヒー・ハウスが生まれた頃になると、クラブの数も増加し、たとえばコーヒー・ハウスの経営者が、クラブのために特別に一部屋を空けておくことも行なわれるようになる。こうなるとクラブというものが会員制になるのは当然で、事実十八世紀には種々雑多なクラブがそれぞれある目的、または趣旨のもとに会を組織するかたちをとるのである。夏目漱石は、そうしたクラブの姿を『文学評論』で次のように描いている。

調べて見ると倶楽部というのは当時流行物で何でもかんでも倶楽部組織にしたようにに見える。その証拠には倶楽部の中には随分妙な目的を有したものがある。「貴婦人抱狗《だきいぬ》倶楽部」（Lady's lap-dog Club）などいう、名前からして奇妙なのがある。これはいわゆる通人とか洒落者《しゃれもの》とかいう連中が毎日午後集合して各自の服装を比較し、新流行を考え出してはやらせるための倶楽部であったそうだ。それから

地獄の火クラブ

「花卉《かき》倶楽部」というのがあって、これは石竹《せきちく》や、鬱金香《うこんこう》の愛翫者《あいがんしゃ》の会で、雛菊《ひなぎく》の色変りを三時間も見詰めていたり、十里も歩いて行って花弁の筋一本を珍らしがるような連中から成立していた。それからもっとも名前の振《ふる》ったのは「ビフテキ荘厳会」(Sublime Society of Beef Steaks)に「悪鬼会」(Pandemonium Club)などであろう。

この他にも「肥満クラブ」とか、それに対抗して「かかし・骸骨会」などというのも存在した。

しかしこうした、いわば好事家的なクラブ以外に、文学史や政治史の上でかなりの位置を占めるクラブもあった。まず文学史上に名をとどめているものとしては、スクリブリラス・クラブとキットキャット・クラブがある。前者はジョナサン・スウィフトとポープが中心になって設立したものである。スクリブリラスという名前については、漱石がこう述べている。

スクリブリラスというのは昔しの誇学者であって、この男が小供を教育する時は途方もない非常識な考を応用したものである。その子が成長して一角《ひとかど》の人物になって、頗《すこぶ》る博識の誉《ほまれ》はあったが、その判断は常に正鵠《せいこく》を失してその趣味は人をして恐れを作《な》さしむるほどに下劣であった。会の名はこの故事から出たもので本来の目的は庸愚《ようぐ》な文学者を嘲笑するという質《たち》の好くない会であった。

当時は才能もないのに文学者たらんとする者や、すぐれた詩人や影響力のある劇作家の近くにいてその威光でみずからも大きな態度をしていた人間が数多くおり、この手の連中をスウィフトやポープらは軽蔑の目で見ていた。そうした彼らの気持ちがこのクラブの成立に至ったのだろう。

一方、キットキャット・クラブというのも、スクリブリラス同様、有名なものであった。名前の由来については諸説があってはっきりしないが、十八世紀の文人たちの集まりとしては、盛大なもののようであった。会員にはジョゼフ・アディソン、劇作家のウィリアム・コングリーヴ（一六七〇―一七二九）、詩人サミュエル・ガース（一六六〇―一七一九）などの文人の他、ロバート・ウォルポール（一六七六―一七四五）のような政治家も見られる。

さらに後には、文学クラブとして最も有名なサミュエル・ジョンソン（一七〇九―一七八四）主宰のクラブが現われる。漱石は次のように書いている。

例のジョンソンはボズウェルのいえる如く倶楽部向きの男（clubbable man）であって生涯中色々な倶楽部に関係した。彼の作った辞書を見ると倶楽部の定義の下に「ある条件の下に会合する善良なる伴侶の集会」とあるのを見ても彼が倶楽部を如何に解釈したかが分る。ジョンソンの関係した倶楽部の中で「倶楽部」後に「文学倶楽部」というのがある。これは当時「王立協会」の会長であったサー・ジョシュア・レノルヅの発起にかかる者で、後には会員も大分殖《ふ》えたが最初は会員を九名に限った者である。レノルヅ、ジョンソン、バーク、ゴールドスミスなどは当初の会員であった。後にはガリック、ギボン、ボズウェルなども入会した。彼らは毎日曜午後七時には必らず寄って晩餐をともにした後、文学、科学及び美術の談話に夜を更《ふ》かすのを以て例としておった。

一方、政治色の強いクラブとしては、トーリー系のオクトーバー・クラブがあり、また先にあげたキットキャットはホイッグ系の色彩が強いクラブであった。とくにオクトーバー・クラブは、毎晩一〇〇名以上の議員が集まって、オクトーバー・ビールを飲みながら大いに気焔をあげていた。前にも触れたことがあるジョン・マッキーの『イギリス旅行記』には、このクラブの評判が次のように書かれている。

オクトーバー・クラブはヨーロッパ中にその名をとどろかせている。オランダでもこのクラブを擁護した本や、あるいは反論を加えた本を見たことがある。ロンドンの市内では、ほとんどどの教区にもそれぞれクラブがあって、市民は店や取引所での一日の仕事から解放されると、寝る前にクラブで心をくつろがせるのである。

以上のようなクラブの成長ぶり、その特色などはきわめて興味深いもので、詳しい検討をする価値があると思われるが、今はコーヒー・ハウスに話を戻すことにしよう。

マイルズ・コーヒー・ハウス

一六五九年、つまりマイルズ・コーヒー・ハウスが開店するとほぼ同時に、この店にコーヒー・クラブが結成された。このクラブの成立と、その様子については、伝記作者ジョン・オーブリーが細かく書いているので、まずそれをみることにする。ただしオーブリーは、このクラブがタークスヘッド亭で行なわれたと書いているが、さまざまの事情から判断すると、これはマイルズ・コーヒー・ハウスのことらしい。というのも、オーブリーは経営者の名前がマイルズだと述べており、しかもこのマイルズ・コーヒー・ハウスの看板はタークスヘッド、つまり「トルコ人の顔」だったからである。

さてこの店には『オセアナ』というユートピア物語を書いたジェームズ・ハリントン(一六一一—一六七七)がよく出入りしていた。オーブリーは、クラブの模様をこう書いている。

彼〔ハリントン〕は『オセアナ』を書き、ロンドンで出版した。トマス・ホッブズ氏がよく言われたことだが、これにはヘンリー・ネヴィルも一枚かんでいる、と。いかにもありそうな話だ。この慧敏《けいびん》論策は、日々コーヒー店における彼とヘンリー・ネヴィルとの潑剌とした講話や勧説と相俟《あいま》って、多くの帰依者をつくりだした。

その盛況を記せば、一六五九年には、ミカエル祭の頃、（当時）ニュー・パレスヤードにあったタークスヘッド亭で、毎夜集会が開かれた。そこはマイルズという男の経営する河岸の右段に接した店で、人びとは飲物を摂ったのだが、この店にわざわざ大きな楕円形のテーブルを設けさせ、テーブルの中央が人の通れるようにあいていて、マイルズがコーヒーを配れるようにしてあった。この周りに、彼の弟子や学者たちが坐っていた。こういう際の講話は私が耳にしたうちでも空前絶後に慧敏潑剌たるもので、またはなはだ熱心に討論が行われた。議会の討議もこれに較べれば平板単調というほどのものだった。

この頃、彼は『民衆による政治のさまざまな形態』という小冊子を出版した。ダニエル・ジェイクマンの印刷に成る。次いで、彼の一党はもう一つの小冊子『ロータ（輪番制クラブの意）』を出版することを彼に慫慂《しょうよう》した。（『名士小伝』）

このクラブには投票箱が置かれて、どのように事を進めるかを投票で決めていた。ともかく、ここにはハリントン以下、数多くの紳士たちが集まり、超満員の盛況だったらしい。ハリントンは、『オセアナ』の構想をこのクラブで実験的に行なおうと考えていた。このクラブがロータという名前を付けられているのは、議員は順番に、毎年交替すべきだというハリントンの考えをあらわしたものにほかならない。

こうしたハリントンの思想というのは、当時権力を握っていた議会派にとっては、目ざわりなものだったらしく、反対派との間にいざこざが起こったこともある。オーブリーは続けてこの問題に触れる。

彼〔ハリントン〕の説くところははなはだ人心をとらえた。しかも人智の予見し得る限り、国王の復位は到底あり得ないと思われていたのでその影響は一層大きかった。だが議会派の大部分は、この投票による輪番制を頭から憎悪していた。というのも彼ら自身ひどい暴君で、自分たちの権力にしがみついていたから。そしてH・ネヴィルが下院でこの件を提案したけれど、そんなことを認めるのは、八人か十人を除いた残りの連中にとってとんでもないことだった。その折、ネヴィルは、こういう政治の形態を採り入れないと、諸君は破滅しますぞ、古人も言う「カカル者ドモヲ、ゆぴてる〔ユピテル（ジュピター）〕滅サント欲シ給イ……」ですからね、とまで明言したにもかかわらず。

……さて、この輪番制による形態とは、議員の三分の一が毎年投票によって職をやめ、そして九年目になると議会全員の顔ぶれが変っていることになる。高位の行政官は何ぴとも三年以上は在職せず、またすべて投票によって選ばれる、というものであった。これ以上公平な選択法は考えられない。（『名士小伝』）

こうしてこのクラブでは連日のように白熱した議論が展開されたのだが、クラブの命は長く続かず、半年後には王政復古とともに消滅してしまった。その大きな原因のひとつは、批判の対象としていたコモンウェルス体制が崩壊し、王政が復活したため、議論の目的がなくなった点があげられる。また、このクラブに一六六〇年の初め、たびたび顔を見せたピープスによれば、学問的な話をするか、もっとくだけた話をするかで議論が起こり、クラブが分裂したのだともいわれる。ともかく、初期のコーヒー・ハウスのなかでも政治的色彩のきわめて濃い議論が行なわれた店として、マイルズ、及びロータ・コーヒー・クラブの名は記憶に値する。

コーヒー・ハウス制限令への道

王制復古がなって一五年後の一六七五年、コーヒー・ハウスにとってひとつの試練ともいえることが起こった。チャールズ二世によるコーヒー・ハウス制限令が布告されたのである。しかしこの布告は突然出されたものではなく、これに至るまでにはいくつかの伏線があった。したがって、この布告が出るまでの経過をまず振り返っておきたい。

これまでにも述べたように、コーヒー・ハウスの隆盛ぶりに対しては、タバーンの経営者や女性たちによる批判があった。一方、政府の側は、コモンウェルス時代にはコーヒー・ハウスの中で行なわれる自由な議論に対しては苦々しく思う面もあり、また先にあげたロータ・クラブなどにはあからさまな嫌がらせが行なわれたが、総じて見て見ぬふりをしてきた。

しかし、王政復古以後、数多くのコーヒー・ハウスが繁栄の道を辿ると、政府、為政者側も、そこで行なわれる自由な言論活動に対し、どうしても知らんぷりをすることができなくなる。ともかくコーヒー・ハウスの数もさることながら、集まる人間も多く、さまざまの意見の持ち主が口角泡をとばして議論をしているのである。そこで当局もこうした事態に対し、いろいろな対策をたててきた。といっても六〇年代は、

王政復古　中央にチャールズ2世が見える。

表立って強圧的な方針をとらず、逆にいろいろと手のこんだ手段をとっている。

前にオクスフォード、ケンブリッジなどの大学都市におけるコーヒー・ハウスの発生について述べたが、その際ヘンリー・マディマンという男のことに触れておいた。『ニューズブック』や『オクスフォード・ガゼット』を発行し、初期のコーヒー・ハウスとジャーナリズムとの結び付きに少なからざる役割を果たした男である。

このマディマン、実は政府に雇われて、コーヒー・ハウスの動静を探るためにスパイのような役割をしていたこともあるらしい。公文書館に保存されている記録には一六六一年のロンドンのコーヒー・ハウスとその関連の人間のリストがあるが、それによると、このリスト作成に大きな役割を果したのがマディマンだということがわかるのである。おそらく政府は、コーヒー・ハウスでの自由な議論、反政府的な言動に神経をとがらせ、彼に情報を集めさせていたのではないか。

たとえばそのなかにレドンホール・コーヒー・ハウスのチリングトンという名前がある。この男の詳しい経歴はわからないが、要注意人物としてマークされており、一六七七年に誤ったニュースを出版したという理由で逮捕されているし、その後も政府反対派の人間としてブラックリストに載せられている。またセントマイケルズ小路《アレイ》のウィリアムズ・コーヒー・ハウスの経営者マディソンの名は、コーヒー・ハウスの言論に目を光らせると同時に、当時の出版ジャーナリズムに厳しい検閲の網をはったロジャー・レストレンジによっても危険人物として記憶されていたようだ。

一方、マディマンと並んで当時のコーヒー・ハウスに警戒の目をめぐらせていた人物に、トマス・デンジャーフィールド（一六五〇？―一六八五）という男がいる。この男はどうも生来あまりまともな人物とはいえなかったようで、エセックスの農夫の息子として生まれたのだが、小さい頃に父の馬と金とを盗んでスコットランドに逃亡してしまった。やがて改心したのか許されて故郷に戻るのだが、すぐにまたヨーロッパへ行き、スペインやポルトガルなどを回ってぶらぶらしていたらしい。

そしてどういう手づるを使ったのか、後のウィリアム三世配下の兵士になる。ところがなにしろ胡散《うさん》臭い男なので、スパイに間違われて処刑寸前の目にあったりし、再びイギリスへ戻るのだが、今度は偽金をばらまいてニューゲイトの監獄行きとなる。その後も、虚言と立ち回りのうまさとで、世の中を泳いだり獄につながれたりを繰り返し、やがて怪しげなパンフレットを流してさらし台とむち打ちの刑を受け、その帰途に、ある男になじられたのを汚い言葉でやり返したところ、杖でなぐられて死ぬという結末を迎える。

このような生涯を送ったデンジャーフィールドが、一六七〇年代の終わりから八〇年代にかけて、危険思想の持ち主や反政府派の集まりなどのリストをつくって、国王側近に取り入っていたのである。また彼は、要注意のコーヒー・ハウスをリストアップするだけでなく、当時強かったカトリックへの反感というムードを利用して、ありもしない陰謀などをでっち上げ、そうした謀略の拠点としていくつかのコーヒー・ハウスの名前をあげたりしている。彼とその部下たちが名をあげたコーヒー・ハウスとしては、ファー、ヘンリー・ブラントがよく訪れたレインボー、取引所近くのギャラウェイ、ジョナサン、バーソロミュー小路《レーン》のコームなどがある。またチャリング・クロス近くのプロクター・コーヒー・ハウスについては「『陰謀の発覚』という紙を見た」と報告している。

ともかくデンジャーフィールドのやり方はひどいものであったらしく、「全く信用のならない男」という評価がついて回っており、いい加減なうわさや嘘の話を広めるために「身なりの良さそうな男でぶらぶらしているのを見つけると、金をやってコーヒー・ハウスへ行かせた」と記録されている。しかしこういう彼の方法も、政府側にとっては、使いようによって世論操作の絶好の武器になるわけで、デンジャーフィールドのみが批判されることもないといえるかもしれない。

ともかくもデンジャーフィールドのような人間を人の集まるところに潜入させてさ

まざまの情報を集めたり、意図的に情報を流したり、人心をまどわすというのは、これ以後もたびたび行なわれている。たとえばその代表例として、ダニエル・デフォーの名をあげることもできるだろう。

一七〇二年に『非国教徒撲滅への近道』というきわめてアイロニカルなパンフレットを出し、それがもとでさらし台にかけられ、獄につながれたデフォーを救ったのが、当時穏健派トーリーの代表として名を挙げつつあったロバート・ハーリーであった。やがてこのひと癖もふた癖もある政治家のもとで、少ない報酬に不平をもらしながらも、デフォーは巷の政治情報を集め、ハーリーの政策推進の縁の下の力持ち的役割を務める。イギリス国内を旅行して回り、種々の情報をハーリーのもとへもたらす。一方ロンドンではコーヒー・ハウスやタバーンに出入りして、社会の動静を探る——。

ともかくデフォーは八面六臂の活躍ぶりを示したわけで、そうした経験が彼の後の文学活動に少なからざる影響を与えたことは、多くの研究者が明らかにしているとおりである。

さて、こうしたスパイを潜り込ませて情報収集をする一方、政府は新たな世論操作の方法を採った。それは特別のねらいを持ったコーヒー・ハウスを開くことである。

一六六六年の九月二十九日にアレグザンダー・マンという男がチャリング・クロスに開いたマン・コーヒー・ハウスがそれである。

この店は一六六八年には移転したらしく、国王チャールズ二世の肝煎りもあって、ロイヤル・コーヒー・ハウスとも呼ばれるようになった。一六七五年には、チャールズ二世のコーヒー・ハウス制限令が出され、これがすぐに撤回されるという動きがあるが、その頃からこのマン・コーヒー・ハウスは国王シンパの店として名が高まり、経営者のマンは「チャールズ二世のコーヒーマン」と呼ばれるようになる。そしてこの店がデンジャーフィールドのブラックリストに載るという奇妙なことが起こるのだが、それはここに経済的に没落した貴族たちが暇つぶしによくあらわれ、不平不満を口にするということがあったからで、おそらくそうした貴族たちを手なずけたりしながら、情報操作が行なわれていたのではあるまいか。

ところでコーヒー・ハウスと政治との関連について、どうしても逸することのできない事件がひとつあった。それは一六七八年に起こった、いわゆる「カトリック陰謀事件」である。

ロンドン大火の一二年後、牧師のタイタス・オーツ（一六四九—一七〇五）が、大火を起こしたのは八〇人のイエズス会聖職者たちだという証言をしたのである。だいたい、大火のような惨事のさなかには、根も葉もない流言が飛び交い、それによって暴行、殺害などが起こるものだが、一六六六年のロンドンもこの例にもれなかった。そうしたなかで、当時のイギリスにはカトリックに対する反感が根強くあったので、オーツの言葉は大きな影響をもたらしたのである。

タイタス・オーツ

そもそもこのオーツという男は、すぐれた能力を持っているのに、それにふさわしい待遇を受けていないという気持ちを抱いていた。そこで治安判事に向かって、イエズス会の人間たちが大火の火つけ役であったこと、さらに彼らが大火の最中に掠奪を行なったことなどを、人から聞いた話として伝えた。そのためにカトリックの司祭リチャード・ラングホーンが無実を叫びながら処刑され、一方オーツは恩給をもらって優雅に暮らしたのだが、やがてカトリック信者のジェームズ二世が誕生すると、オーツは裁判にかけられて、偽証を告白したのである。

このような経歴を辿ったオーツは、前にあげたデンジャーフィールドと同じく、あちこちのコーヒー・ハウスや酒場に出入りし、情報を集めたり、流言をばらまいていたらしい。たとえばマン・コーヒー・ハウスにもよく顔を見せたという記録が残っている。オーツはそうした場所でカトリック信者たちの集まりを見つけては、これを当局に報告したりしていた。またそうした会合が発見できない時には、気に入らない人間を葬るために、わざと集会や陰謀をでっち上げ、それによってカトリックへの反感を盛り上げて、政府に取り入ることもしたらしい。オーツにとって、コーヒー・ハウスはその格好の標的だったわけである。

チャールズ二世の布告とその顚末

王政復古後のイギリスでは以上のような伏線があったなかで、一六七五年にチャールズ二世の布告が出されたのである。一六七五年十二月二十九日にチャールズは「不満分子がコーヒー・ハウスを根城として、国王及び大臣の政策、指導について怪しからぬことを広めている」として、翌年一月十日をもって、コーヒー・ハウスを閉鎖するという強硬方針を明らかにした。

これにはコーヒー・ハウスの経営者もあわてて陳謝し、国王への忠誠を誓ったのだが、一方ではこのチャールズの布告に対して猛烈な非難も起こったのである。歴史家として有名なロジャー・ノースは、スチュワート王朝擁護の立場をとっており、チャールズ二世に対しても好意的であったが、その彼でさえもこの布告に対しては一般の人々が嫌悪と反感の目を向けたと述べている。

ともかく、コーヒー・ハウスの魅力のとりことなっていたさまざまの階層の人間が反対ののろしをあげたために、前代未聞のことながら、一〇日後にこの布告は撤回された。

それにしてもこの一連の動きは重要な意味を持っている。国王、及び政府は、コーヒーそのものに対して反感を抱いていたのではなく、コーヒー・ハウスという場で交わされる自由な言論活動に陰謀や反乱のにおいを嗅ぎつけたから、このような措置に出たのである。

ピューリタン革命という「熱狂」の時代がひとまず王政復古によって区切りをつけられたとはいうものの、社会にはまださまざまな火種がくすぶっていた。すでに述べたように、王政復古後のロンドンには、実際に事実が存在したかどうかはわからないが、カトリックとフランスの脅威を声高に訴える動きがあった。そうした動きが事実無根のものだとしても、たとえばペストや大火というような未曾有の混乱が生じれば、いつ大事件になるともわからない。しかもデンジャーフィールドやオーツのように、意図的にのろしをあげて混乱をひき起こし、その機に乗じて自分たちの好む方向へ社会をひきずってゆこうという、怪しげな人物も少なくなかったのである。そうした背景の中で出されたチャールズ二世の布告は、多くの抵抗にあってすぐに撤回されたとはいえ、政府がコーヒー・ハウスの存在と、そこで行なわれる政治議論とに危険な動きを感じていた証拠といえよう。

そのことは、コーヒー・ハウスの発展とあたかも軌を一にするかのようにして登場してきた新聞、雑誌などのジャーナリズム活動に、政府が常に監視の目を怠らなかった点とも密接な関連があるといえる。しかしこの問題については後の章で改めて詳しく述べることにしたい。

コーヒー・ハウスと二大政党

一六七五年のチャールズ二世によるコーヒー・ハウス弾圧の布告以後、一六八五年のチャールズの死と、ジェームズ二世即位に至るまでの一〇年間は、モンマス公（一六四九―一六八五）とシャフツベリー伯（一六二一―一六八三）による反乱や、ホイッグによるライハウス陰謀事件など、イギリス国内はまだ揺れていた。そしてコーヒー・ハウスそのものの人気は変わらず、衰えるどころかますます盛んになっていたが、その中身は王政復古前後に比べると次第に変化をみせていた。

とくに政治との関連に絞って考えると、最も大きな変化は個々のコーヒー・ハウスが政治党派によって色分けされてゆく点である。もちろん、職業、階層によって訪れる店が異なってくるということもあり、すべてのコーヒー・ハウスが政党別になるということもないのだが、とくに目立つ現象として、ホイッグ、トーリーという二大党派が、それぞれ別のコーヒー・ハウスを縄張りにするということがある。

ただここで気をつけなければならないのは、ピューリタン革命から王政復古を経て名誉革命に至るイギリスの歴史は、いわゆる「イギリス革命論争」という厄介な問題を抱えている点であり、たとえば十七世紀末から十八世紀にかけてのイギリスの政治をトーリーとホイッグという図式で考えることは、必ずしもこの時代を適切にとらえる方法ではないといわれている点である。たとえば国王支持派と議会派との対立というピューリタン革命期の基本的図式も厳然と存在し、さらに宮廷と地方という新たな視角も必要とされるので、こうした要素の絡み合いを整理してゆくことはきわめて難しい作業である。

とくに気をつけなければならないのは、トーリー党、ホイッグ党という明確な政治綱領を持った政党がつくられていたのではないということで、したがってこれから述べるトーリー、ホイッグという色分けも、大雑把なもので、トーリー的色彩の濃いコーヒー・ハウス、あるいはホイッグ系の店というくらいに考えていただきたい。

さて、トーリーがよく使う店としてあげられるのは、ココア・ツリー・チョコレート・ハウスという店である。場所はペルメル街で、開店したのは十七世紀の終わり頃(一説では一六九八年)といわれ、経営者の名前は不明である。店の名がココア・ツリー・チョコレート・ハウスというようにいささか変わっているが、これは看板にココアの木をかたどったものを使っていたからである。一六五二年頃にイギリスへもたらされたココア(チョコレート)は、すでに述べたように、コーヒー・ハウス内でよく飲まれたものであり、かなり遅れてつくられた店としては、なんらかの新機軸を出すためにこのような名前にしたのであろうか。

この店が有名になるのは十八世紀を迎えてからのことで、トーリー系の連中がよく訪れるという評判がたった。十八世紀の雑誌、新聞、手紙などの中にはこの店の名前がよく登場し、たとえばアディソンは『スペクテイター』の第一号で「私はグリーシャンやココア・ツリー、そして劇場などによく顔を出す」と書いている。十八世紀の政治家ウォルポールや歴史家エドワード・ギボン(一七三七―一七九四)なども訪れており、こうした顔ぶれをみていると、アン女王の死後は、それほど強いトーリー色があったわけではないようだ。むしろ、この店が名を売ったのは、決闘がよく行なわれる場所だったという点で、ある時などは一人の女優をめぐって三人の男が決闘をしたため、経営者が店に入る人間はすべて刀を入口に置くことという規則をつくったそうだ。

トーリーの拠点として有名だったものに、オズィンダ・コーヒー・ハウスがある。場所はセント・ジェームズ街《ストリート》で、経営者はドミニコ・オセンダという商人だった。この店が有名になった理由のひとつは、ここでブラザーズ・クラブという会合がもたれていたことによる。ジョナサン・スウィフトの『ステラへの日記』の一七一二年三月二十七日の項に、次のような文章がある。

会合の日だ。アーバスノット博士が会長。博士のディナーは女王の台所で用意されたすばらしいものだった。セント・ジェームズ近くのオズィンダ・コーヒー・ハウスで食べる。これほど楽しい集まりはなく、別れたのは夜も十一時を回っていた。

この文章の中に出てくるジョン・アーバスノット（一六六七―一七三五）がブラザーズ・クラブの会長であり、スウィフトとともにホイッグとの論争に大いに力を発揮したのだが、一方このクラブの集まりが必ずしもオズィンダ・コーヒー・ハウスで行なわれたわけではないようだ。

元来、とくにスウィフトは、友人、仲間を選ぶのには極端に神経を使った男で、自分と気の合う人間だけで構成されたクラブの方が居心地が良かったようである。そのため、このブラザーズ・クラブと同じ頃、やはりサタデー・クラブというトーリー系の集まりによく出席したり、あるいは後のキットキャット・クラブの中心メンバーとなるのであり、コーヒー・ハウスのように雑多な人間が集まってなんの変哲もない話をする場所は、スウィフトの好むところではなかった。

しかし、ブラザーズ・クラブの会合が定期的に開かれたわけではないにしても、このオズィンダ・コーヒー・ハウスはトーリー系という定評があったので、一七二四年に出版されたある旅行記においても、この店とココア・ツリーにはホイッグの連中は来ないと指摘されている。

一方、ホイッグがよく使ったコーヒー・ハウスにはどのようなものがあったのだろうか。まず最も代表的な店はセント・ジェームズ・コーヒー・ハウスであった。十八世紀から十九世紀にかけてのロンドンには、同名のコーヒー・ハウスが六軒はあったことが確認されているが、その中で最も古いセント・ジェームズは一七〇五年に開店したものらしい。場所はセント・ジェームズ宮殿の近くであった。ホイッグ系の論客が数多く訪れた場所であり、『スペクテイター』『タトラー』などの雑誌に頻繁に登場する店である。

『スペクテイター』の第一号では、アディソンが「日曜の夜はセント・ジェームズに行き、奥の部屋で政治談議に加わることもある」と書いているし、一七一二年六月十二日の第四〇三号には、コーヒー・ハウスが数多く紹介される中で、セント・ジェームズは次のように描写されている。

……まずセント・ジェームズへ行ったところ、表に近い部屋は政治談議で大変な喧噪だった。そして部屋の奥へ向かうと、全く違った意見が語られているのだが、ますます激しい議論が交わされ、奥の部屋ではコーヒー・ポットの蒸気の中に坐った理論家たちが議論をますます高尚にするものだから、スペイン王国が壊滅するだの、ブルボン王朝の血筋が十五分もしないうちに絶えるだのという話が聞かれたのである。

こうした雰囲気を持っていたセント・ジェームズは、十八世紀の後半になると、むしろ多くの文人たちが集まり、食事をした店として有名になる。たとえば劇作家のデイヴィッド・ギャリック（一七一七―一七七九）、美術界の大立者ジョシュア・レノルズ（一七三二―一七九二）、政治思想や美学理論で有名なエドマンド・バーク（一七二九―一七九七）らがたびたび訪れている。そしてその頃は、イギリス自体がホイッグ系の政治思想によって治められていた時代であり、十七世紀末のような激しい政治論争がある程度落ち着きをみせていたので、この店の党派的色彩も薄れていたといえよう。

一方、ホイッグ系のコーヒー・ハウスとしてスミルナという名前がよくあげられる。場所はペルメル街の北にあり、一七〇二年頃に開店したものらしい。ホイッグがよく訪れたといわれるが、初期にはスウィフトやアーバスノットも訪れており、ホイッグだけという閉鎖的な店ではないようだ。

だいたい、当時のトーリー、ホイッグといっても、必ずしも厳密な区分が存在するわけでもなく、かなりあいまいな部分を残した大雑把な定義であることはすでに述べたとおりであり、しかも文人たちの付き合いは、個々の政治的立場を抜きにして行なえる部分もあったわけで、その点ではクラブというものの閉鎖性、排他性が十八世紀前半のコーヒー・ハウスにはまだはっきり表面に出ていなかったのである。したがってスミルナについても、『イギリス旅行記』を書いたマッキーがこう述べている。

私はペルメルと呼ばれる街に宿泊していたが、ここはロンドンに不案内な人たちがよく集まる場所だった。王宮、公園、議事堂、劇場、コーヒー・ハウスなどが近くにあり、貴顕紳士が多い。……スコットランド人は大概ブリティッシュ・コーヒー・ハウスへ、種々雑多の人間がスミルナへ集まる。

ただこの店が「ジャコバイト」と呼ばれるステュワート王朝支持者たちのたまり場として目をつけられていたことは、種々の記録にみられるようだ。

ともあれコーヒー・ハウスが発達するにつれて、政治的な立場を異にするものは同一の店にはできるだけ出入りしないという現象が生まれ、初期のコーヒー・ハウスが持っていた雑然とした要素が徐々に整理されて、客層の均質化が起こってゆくのである。そしてある意味では閉鎖的な色彩の濃いクラブという形態がますます発展してゆくのであり、コーヒー・ハウスは発生してから五〇年ほどの間に転換期を迎えることとなったのである。

2 ニュースの大衆化

ジャーナリズムの発生

コーヒー・ハウスとイギリスの新聞、雑誌などのジャーナリズムの発達とは密接な関係があることは、これまでにもたびたび指摘されてきた。たとえば十八世紀の社会と文化をさまざまな文献を駆使して興味深く説いた角山榮氏の『産業革命と民衆』という本では、コーヒー・ハウスと出版文化との関わりが次のように述べられている。

コーヒー・ハウスがイギリス人の生活文化にもたらした諸影響のなかでもとくに重要なのは、それが出版文化とのあいだにもった密接な関係である。コーヒー・ハウスを支えた擬似ジェントルマン、中産市民層の勃興は、すなわち文字を読める階層の拡大を意味したし、もっと直接的にいっても、日刊新聞などの芽がふいたのはまさにタバコとコーヒーの香りのまっただなかにおいてであったのだ。コーヒー・ハウスの顧客たちの、海運ニュース、内外の政治情報への渇望が、より純粋に知的な関心とあいまって、日刊紙をふくむ定期刊行物の成長を不可避にした。

（『産業革命と民衆』河出書房新社）

今日のようにさまざまの情報が数多くの媒体を通してわれわれの耳に伝わってくる時代とは異なり、十七、十八世紀のイギリスでは限られた場所でしか、情報、ニュースを得ることができなかった。そうした場のひとつとしてコーヒー・ハウスが果たした役割はきわめて重要だったので、コーヒー・ハウスは一種の情報センターであったという評価がよく行なわれるのである。

ところで、イギリスで初めて新聞が発行されたのはいつかということがしばしば話題になるが、これにはっきりとした答を与えることはなかなか容易なことではない。普通は一六二一年に本屋のトマス・アーチャーが出した『クーラント』が最初の新聞で、アーチャーを「イギリス最初の新聞人」と形容するのが相場のようだ。しかしながら必ずしもそういい切れるものではないのである。第一に、アーチャーの出した新聞が果たして新聞といえるほどの内容をもっていたのか。第二に、それではアーチャー以前にイギリスには新聞らしきものがまったくみられなかったのか、などの点が問題になるのである。

まず第二の問題、つまりアーチャー以前のイギリスにおける情報の伝達という問題を考えてみよう。といっても古代にまでさかのぼって考えるだけの余裕はないので、グーテンベルクによる印刷術の発明以後から始めたい。もちろんそれ以前にも、手書きによるビラやパンフレット類も出されていたが、なんといっても活版印刷の力は大きなものだったのだ。

まず、「ブロードサイド」というものがあった。これは別名「ブロードシート」とも呼ばれたりするもので、一枚の大きな紙の片面だけに、同時代の大事件や戦争についての歌（バラッド）を印刷したもので、市中でよく売られていた。その点からみて、これも一種の新聞の役割を果たしていたともいえる。またパンフレットに同じような事件を載せて売ったりすることも多かった。

さらに一五九四年には、『メルクリウス・ガロベルギクス』というものがケルンで出されているが、これは約四〇年間にわたって神聖ローマ帝国の外交、軍事の両問題を報道したもので、イギリス国内でも売られていた。しかしこれは、刊行期日が不定期であり、小冊子の体裁をとり、表題も変わることが多いので、「ニューズペーパー」とは呼ばれず、「ニューズブック」といわれていた。事実『メルクリウス・ガロベルギクス』は年二回製本して刊行され、ヨーロッパ各地へ送られたといわれているので、情報の速やかな伝達ということをめざしたものではないことがわかる。

　こうしたニューズブックは、ドイツ、オランダ、フランスなどの各地で十六世紀末から十七世紀初めにかけて続々と出され、イギリスにおいても、そうした海外のニューズブックが英語に翻訳されてロンドンで刊行されたりしていた（マディマンの『オクスフォード・ガゼット』が出るまでは、ほとんどニューズブックといってよい）。そして一六二一年に、初めてロンドン発行と記された『クーラント』が出されるのである。

　こうしてみると、アーチャー以前にも素朴ながら新聞に近いものがイギリス国内ではすでに手に入っていたわけで、アーチャーがイギリス最初の新聞人であったというい方には、若干の留保が必要となるのである。またアーチャーが出していた新聞も、形態としてはフォリオ版（全紙・二つ折り）の紙に両面印刷されたもので、ニューズペーパーの体裁をなしているが、活字はまだかなり粗雑で読みにくい。値段は一部半ペニーが普通で、発行部数も多くてせいぜい五〇〇、悪い時は二五〇部ぐらいだった。また記事の内容も、イギリス国内のことは政府の統制もあってほとんど掲載されず、海外での事件、戦争の記事が主たるものだったのである。

　さてこうした新聞が一六四〇年代に入ると数多く発刊されていくのだが、二〇年代と比べて四〇年代の新聞には大きな変化がみられたかというと、あまり大差はないようである。まず安い紙質で粗末な印刷という点は基本的に同じである。値段は地域によって差はあるようだが、ロンドンではだいたい一ペニー、今日でいえば牛肉一〇〇グラムくらいの値段というから、まあ高からず安からずといったところであろうか。

ただこのほかの体裁などには若干変化がみられ、八ページ立てが主となり、第一ページに新聞のタイトルと梗概が載せられるようになる。また発行日は月曜日が多かったが、時代を経るにしたがい他の曜日にも発行されてゆく。発行元は本屋が多く、店頭売りである。記事の内容は国内関係のニュースが多くなり、議員や酒場、市場でのゴシップが情報ソースとして増えてくる。

一六四四年の初めにはロンドンで一二種類の新聞が売られていたが、当時の人口五〇万のうち、成人男子の半分くらいは字が読めたと推定されるので、六万人くらいは新聞読者になり得る可能性はあったのだが、実際の発行部数をみると、新しい新聞でせいぜい二五〇部、すでにある程度確立した地位を持っている新聞で五〇〇部、最も人気のあった『メルクリウス・ブリタニクス』で一〇〇〇部ほどというから、あまり読まれているとはいえない。しかし実際は一部の新聞を四、五人で回し読みするので、もっと多くの人間の目には触れたことだろう。

コーヒー・ハウスと新聞
文字が読めない人々に新聞を読んで聞かせている。

さて以上のような形態の新聞がピューリタン革命から、王政復古、名誉革命へと揺れ動く十七世紀イギリスに続々と現われ消えていったのだが、その間の事情を詳述する暇はない。そこでコーヒー・ハウスが盛んになる王政復古前後からのジャーナリズムの動きに焦点を絞っていきたいのだが、その前に四〇年代から六〇年までに発刊された新聞の大雑把な特徴だけは指摘しておく必要があろう。というのもやはりこの期間の新聞ジャーナリズムの推移は、後の時代にも少なからざる影響を与えているからである。

まずこの期間の新聞記事は、根本的には王党派と議会派、そして議会派内部における政権争いをめぐる確執が前面に出ているのであり、したがってきわめて政治的色彩が強く、論調によって王党びいき、議会びいきということがはっきりとうかがえるのであった。とくにチャールズ一世処刑をめぐる問題では、両派の対立が紙面に鮮明に出てくる。

もうひとつ重要なことは、政権担当者とジャーナリストとの間のあつれきという点で、為政者側はジャーナリズム規制の条例をたびたび出して、反政府的論調を抑えようとし、これに対し新聞発行者の側は、投獄を覚悟で抵抗したり、あるいは論調を変えたり、発行停止をしたりという形をとったのである。

こうして政治的色彩の強い記事が数多く載せられた一方、徐々にではあるがゴシップや奇怪なニュース、殺人や誘拐事件といった、いわば三面記事的要素も増えてゆく。また広告も、初めの頃はなかったり、あったとしても発行元の本屋の書籍広告が主であったものが、やがていろいろなものが掲載されてゆく。

コーヒー・ハウスとの関わりで重要なものに『パブリック・アドヴァタイザー』という新聞がある。これはその名が示すとおり広告専門紙である。この新聞の発行者はマーチャモント・ニーダム（一六二〇―一六七八）という男で、共和政権の時代、クロムウェルからただひとり新聞出版の許可を得ていた。日和見主義者という悪評を王党派からも議会派からも浴びせかけられた男で、『メルクリウス・ポリチクス』や『パブリック・インテリジェンサー』などの週刊新聞を出した経験をもっていた。このニーダムが一六五七年五月に発刊したものが『パブリック・アドヴァタイザー』で、一六ページすべてが広告で埋められ、値段は一ペニーであった。そしてこの第一号（五月十九日火曜日発行）に、コーヒーの広告が出される。

取引所の裏、バーソロミュー小路《レーン》において、健康によい飲みものコーヒーなるものが朝と午後三時に売られている。

また第四号（六月十六日）にはチョコレートの広告も載せられている。

ビショップズゲート街《ストリート》のクィーンズ・ヘッド小路《アレイ》のあるフランス人の店では、チョコレートと呼ぶ西インド産のすぐれた飲みものが売られている。

この他、乳母の求人、語学教師の求職広告、見習いを募集する床屋の広告などがあり、十七世紀中頃のイギリスの日常生活を知る上で、格好の資料となっている。

王政復古後のジャーナリズム

さて一六六〇年の王政復古以後は、イギリスの新聞ジャーナリズムにとって欠かすことのできない人物が続々と現われてくる。まず第一にあげなければならないのは、初期のコーヒー・ハウスとの関連ですでに若干触れたヘンリー・マディマンという男である。

このマディマンは、一六五九年に『パーリャメンタリー・インテリジェンサー』(『議会通信』)を出したが、王政が回復するとすぐに紙名を変え、『キングダムズ・インテリジェンサー』(『王国通信』)として新政権に取り入るような、機をみるに敏な男であった。また同年には『メルクリウス・プブリクス』という新聞も出して、一六六三年までは週二回異なった新聞を刊行するという活躍ぶりを示している。

これらの新聞の内容は政府の公式報告と海外での事件の報道とが主たるもので、その点では当時出されていた他の新聞とはあまり大きな違いはないのだが、ただ目立つポイントは、広告の類が多かった点である。たとえば一六六〇年の五月からは連続して歯磨の広告が掲載されており、この中でマディマンは「ロンドンの善良なる市民たちは、にこやかな微笑と甘い口臭とをもって、静かな時代の幕開けを迎えることが期待される」などと、それこそ歯の浮くような文章を綴って王政に媚びを売っているのである。

こうしたマディマンの態度が効を奏したのか、王政復古から約三年間、『キングダムズ・インテリジェンサー』と『メルクリウス・プブリクス』の二紙以外の新聞は、政府の手ですべて発行が禁止され、マディマンはニュースの独占権を手に入れることになった。しかしこれは、一六六三年に後述するサー・ロジャー・レストレンジの手に移り、マディマンの天下は短期間で終わってしまうのである。しかしマディマンはこうした不運にもめげず新しい分野を開拓する。これについては春山行夫氏が次のように説明しているので、それを引用させてもらおう。

新聞界を引退したマディマンは、彼のつくった情報網を活用してニューズレター(筆記通信)の新分野を開拓した。ニューズレターは筆記したニュースを予約者におくる商売で、一六六〇年六月に新聞に議会の記事を載せることが禁じられていたが、筆記通信は新聞ではないという理由で、その禁令にふれなかった。マディマンのねらいは成功だった。筆記通信は週報で、予約代は年額五ポンド、それを読んだのは上層階級の人々だけで、一ペニーないし二ペンスのニューズブックの読者とはっきり区別されていたが、じきにコーヒー・ハウスが登場すると、そこに集まる客に読ませるために、そこからの予約がふえ、マディマンの筆記通信は二十年以上もつづいた。（『西洋広告文化史』）

こうしたことでまだ健在ぶりを示していたマディマンが、再び新聞ジャーナリズムの表舞台に登場するのは、一六六五年のロンドン・ペストのときである。すでに述べたように、このペスト流行の際に宮廷は難を逃れてオクスフォードへ移ったことがあった。このとき『オクスフォード・ガゼット』が出版されたのだが、この新聞の発行人は国務次官のサー・ジョゼフ・ウィリアムソン（一六三三―一七〇一）になっており、したがってニュースも彼の手になると考えられていた。しかし実際は、マディマンが書いたニューズレターが材料だったのである。

さて、この『オクスフォード・ガゼット』は週二回刊行され、二三号まで出した後、十月にペストが下火となって宮廷がロンドンに戻ると、『ロンドン・ガゼット』と名称変更されたのは、すでに述べたとおりである。また『オクスフォード・ガゼット』はそれまでの新聞のような、いわゆる「ニューズブック」形態ではなく、一枚の紙に印刷されていたので、「ニューズペーパー」の最初だといわれる。

こうしてマディマンは、一六八九年の死の前年まで、「国王のジャーナリスト」として主としてニューズレターを出しながら王政復古期のイギリス・ジャーナリズムに少なからざる足跡を残したのであるが、一方このマディマンと並んで十七世紀末のイギリスの出版界に良くも悪くも名をとどろかせた人物に、ロジャー・レストレンジがいる。

王政復古後の政府は、ピューリタン革命時の激しい論争をふり返って、パンフレットや新聞などによる文書合戦に危険を感じたのか、一六六二年六月に「出版規制条例」を制定して、不敬、反逆の罪にあたるとみられる本やパンフレット、その他の印刷物を取り締まる方針を明らかにした。これによれば、出版物を世に出そうとする人間はすべて検閲官の許可が必要となり、この規則に反するものには重い罰が科せられるというのである。そしてこの検閲官に任ぜられたのが、ロジャー・レストレンジだった。

一六一六年にノーフォークで生まれたレストレンジは、家庭の影響もあってか熱烈な王党派びいきであった。一六三九年には、後に処刑されたチャールズ一世と行動を共にしてスコットランド遠征へ参加しているが、ピューリタン革命のさなかには議会派に捕われて投獄されたこともある。その後一六四八年にヨーロッパ大陸へ逃亡し、王政の回復を画策して、その功により一六六三年、チャールズ二世の王政下、検閲官に任ぜられた。検閲官となったレストレンジは、あらゆる種類の新聞、パンフレット類に検閲の目を光らせ、反政府的な言動や異端思想を押さえにかかる。こうした特権によってレストレンジは、一六六三年の八月には『インテリジェンサー』、また九月には『ニューズ』を発刊、王政復古下のイギリスにおいてニュースの独占化を行なったのである。また一六八一年には『オブザベーター』という新聞も発行している。

しかし名誉革命によって時代の情勢が変わると、一転して苦難の道を歩むことになり、一六九五年から九六年にかけては、ある陰謀事件に巻き込まれて再び投獄されたりもした。晩年のレストレンジは、こうした周囲の状況の中で、生計の道をたてるために翻訳を出して名をあげており、とくに有名なものは『イソップ物語』の翻訳であった。公的には「ウルトラ右翼」とみられ、また厳しい検閲の目を光らせた人間として悪評このうえないが、実生活ではなかなか魅力的な男だったようで、また音楽にも造詣が深かったらしい。

一方、レストレンジと並んで、十七世紀後半の新聞を語るうえで欠かすことのできない人物として、さらに幾人かの名をあげることができる。まず第一は、ベンジャミン・ハリス（一六三七―一七一六）というホイッグ派の新聞人で、彼は一六七九年（このときには先にあげた「出版規制条例」はあまり効力がなくなっていた）に、『ドメスティック・インテリジェンス』を発行し始める。この新聞はその後タイトルを何度か変えて一六八一年四月まで出されるが、この新聞が重要なのは、なんといっても国内のニュースがこれまでの新聞以上に多かったことであろう。そのためにハリスは、イギリス各地に特派員のような人間を雇っていたといわれる。このハリスはジェームズ二世の時代に合わず、やがてアメリカへ渡って一六九〇年にはボストンでアメリカ最初の新聞を発行したことでも知られ、また一六九五年にイギリスへ戻ってからも次々と新聞を発行している。

また、王政復古期の新聞人としてはナサニエル・トンプソンという名も逸することはできない。トンプソンはトーリー派の新聞人で、前記のハリスが『ドメスティック・インテリジェンス』を発行し始めてから一ヵ月半ほど後に、なんと体裁もそっくりな『ドメスティック・インテリジェンス』なる新聞を出し始める。これに怒ったハリスは、自分の新聞でトンプソンの非をとがめ、トンプソンがまたこれに応酬するといったかたちで、まさにピューリタン革命時のような激しい議論の投げ合いが行なわれるのである。トンプソンはこの間、獄につながれるという経験をしながらも、一六八〇年の五月まで発行を続け、その後新しい名前に変えた新聞を出していく。

さてこの一六八〇年五月であるが、すでに実効を伴わなくなっていた「出版規制条例」を再び強固なものにしようとして失敗したチャールズ二世は、判事たちと相談して、あらゆる新聞の規制は国王特権であることを布告し、以後『ロンドン・ガゼット』のみが政府の許可を得た正式の新聞であるという状態が続いてゆく。

こうした状況のさなかにも、いくつかの新聞が出てはいるが、ある程度自由に新聞が出されるようになったのは一六九五年からであった。すなわち一六九五年春に、トーリー系の『ポストマン』と『ポストボーイ』、ホイッグ系の『フライング・ポスト』が発行され、読者は週三回違った新聞を目にすることができるようになった。また一七〇二年三月十一日には、イギリス最初の日刊新聞『デーリー・クラント』が発刊され、その他多くの地方都市でも新聞の発行が相ついだ。当時の発行部数は、最も多い『ロンドン・ガゼット』でもせいぜい一万部、普通は五、六百から二〇〇〇部前後の間にとどまっていたと推定されるが、コーヒー・ハウスなどには常時新聞が何部か置かれていたので、実際の読者はこれを上回ると考えられる。

雑誌の発達

一方、以上のような新聞の発達にやや遅れて盛んになった雑誌の重要性についても、触れておくことが必要だろう。コーヒー・ハウスとの関わりという点から考えると、新聞が長い葛藤の歴史を経て十八世紀にその地歩を築き始める頃から有名な雑誌が続々と出版される。その意味では、コーヒー・ハウスの歴史の前期と新聞、後期と雑誌とがそれぞれ関連をもっていることが、やや図式的に過ぎる嫌いはあるものの、一応指摘できるかもしれない。

もちろん十七世紀後半にも雑誌がないわけではなかった。たとえばジョン・ダントン（一六五九―一七三三）の創刊した『アスィニアン・マーキュリー』は、一種のクイズ雑誌で、毎週さまざまの質問が読者から寄せられ、これに答えるといったかたちで誌面が構成され、当時の中産階級の興味をそそったものだといわれている。この雑誌は週二回発行され、形はタブロイド判一枚なので、新聞といってもよいくらいのものである。

ちなみに新聞の発達を概説した部分でも「ニューズブック」と「ニューズペーパー」に触れたように、十七世紀末から十八世紀にかけては、新聞と雑誌の区別というものも曖昧であり、どちらにも分類できそうなものが数多くあった。これらを総称して定期刊行物と呼ぶこともよく行なわれている。したがってダントンの出した『アスィニアン・マーキュリー』を新聞と考える研究家もいるようである。

それはともかくこの『アスィニアン・マーキュリー』は、十八世紀の代表的雑誌『タトラー』、『スペクテイター』の原型とみられるので、政治論争だけでなく、世上万般の話題を取り上げた点で重要なものといえよう。

一方、このダントンの雑誌と同年代に発刊されたものに『ジェントルマンズ・ジャーナル』がある。これを出したのはピーター・モテュー（一六六〇—一七一八）という男で、ラブレーを英訳したことで有名なトマス・アーカート（一六一一—一六六〇）の未訳部分を翻訳したり、一七〇三年にはセルヴァンテスの『ドン・キホーテ』の英訳を出版したりしている。このモテューが出した『ジェントルマンズ・ジャーナル』は六四ページ立てで、詩や時事論評、小説なども含む総合雑誌とでもいうべきものであった。

しかしながら本格的な雑誌の名に値するものが現われるのは、十八世紀を迎えてからのことである。まず一七〇四年にデフォーが『レビュー』を創刊する。当初この雑誌は、週一回発行されていたが、一七一二年以降は月・木・土曜日の週三回発行となる。またダントンと同じく、デフォーひとりでこの雑誌は執筆編集されたのであった。余談になるが、現在でもデフォーがその七〇年あまりの生涯にいったいどれだけの分量の著述を行なったのかは正確につかめておらず、またデフォーという人間の生活についても謎に包まれた部分がある。

さてこの『レビュー』の内容だが、主としてデフォーの出身階層である中産階級を代表し、またその政治的立場はホイッグ派にあって、このふたつの視点から政治、経済の問題を論じているのである。とくに「経済人ロビンソン・クルーソー」とか「商人階級の代弁者デフォー」などという言葉がデフォーについてよく使われたことから予想されるように、『レビュー』が取り上げた問題には、商業、貿易に関するものがきわめて多い。

一方、ホイッグ的立場の『レビュー』に対立するものとしては、スウィフトが主筆をつとめた『エグザミナー』があり、これは明らかにトーリーの立場から記事の編集、論評がなされている。

『タトラー』の登場

『レビュー』や『エグザミナー』が十八世紀の本格的な雑誌の登場を告げるものだったとしても、この時代の雑誌の代表的存在は、スティール（一六七二―一七二九）、

リチャード・スティール

アディソンらによって刊行されたものであった。『エグザミナー』刊行の一年前、すなわち一七〇九年に『タトラー』が発刊されたが、この雑誌の中心になったのがリチャード・スティールである。ダブリンに生まれた彼は、若い頃、放蕩に身をゆだねていたが、やがて喜劇などを書いて徐々に名をあげ、また同時代の文人たちと親交を結んで『タトラー』を創刊するのである。「おしゃべり」という意味のこの雑誌は、まさにその名のとおり同時代の社会現象を誌面に幅広く載せたもので、文章もすぐれており、また文芸雑誌という趣も兼ね備えている。

一七〇九年の四月十二日に第一号が出た『タトラー』は火・木・土の週三回刊行され、一七一一年の一月まで続く。その第一号には次のような文章が載せられているので、漱石の見事な訳によってみてみよう。

艶事《つやごと》、娯楽、人寄せに関する記事はホワイト茶店と題する欄内に収め候《そろ》。その他詩文はウィル軒、学芸はグレシアン軒、内外の通信はセント・ゼームス軒とそれぞれ部門を分ち候。その他の諸項に関する一切の諸説は「自宅より」と題し申すべく候。

ここに再応読者の御一考を煩《わずら》わしたき事有之《これあり》候。ウィル軒に参れば、参るだけにても二片志《ペンス》を要し、ホワイト軒にては六片志を要し候。また多少の黄白《こうはく》を懐にした上ならでは、グレシアン軒の学者方と席をともにして対等の御交際は出来がたく、垢《あか》のつかぬ白襯衣《しろシャツ》ならではセント・ゼームス軒にてキドネー（註、給使の名）とすら言葉を換《かわ》しがたく候。気《き》の利きたるものを雇い入れて、これらの方面へ手配りいたし候ためには上述の如き準備を要し候次第に御座候。従って、不肖遊資のつづかざる暁《あかつき》には大方の諸君より一葉《よう》一片志御助力を仰ぎたく、事実前陣の如くなれば、あながちに不法の御願にも有之間敷《これあるまじく》と存候。その代りそれ相当の御慰みはきっと提供仕《つかまつ》るべく、それもただ御受合致し候などと弱い音を吹《ふ》くだけには無之《これなく》、否《いや》でも応でも御機嫌に叶《かな》うようになる深い因縁のある事に候。と申すは、実は不肖人間の天分以外に未前を予知するの神通力《じんつうりき》を授かりおり候故、一度《ひとた》び天文を占えば前以て万事の報道を、起らぬ先に御覧に入るる位は容易の業《わざ》に候。云々《うんぬん》。

（『文学評論』）

ここでいささか脱線するが、漱石の『文学評論』は十八世紀イギリスの文学、社会を考える上では必読のものといってよく、この時代の全般にわたってみごとな目配りを示したものとしては、いまだにこれをしのぐ研究は日本では出ていないといっても過言ではない。また現在触れているジャーナリズムの問題についても「英国の文人と新聞雑誌」という短いながらもよく目配りの利いたエッセイを書いている。

18世紀の典型的なボーの姿

さて、この『タトラー』の文章は、当時のコーヒー・ハウスの状況をよく反映したもので、ホワイト・チョコレート・ハウスは「ボー」と呼ばれる伊達男たちのたまり場、またウィルには文人、グリーシャンには学者、セント・ジェームズには政治家がよく訪れていた。そこでスティールはこうしたコーヒー・ハウスの名前のもとに話題を整理して、さらに語り手としてサー・アイザック・ビカスタッフという架空の人物を仕立てて、著述を進めていったのである。また『タトラー』の執筆にはスティールの他に、アディソン、スウィフトらも加わっていた。

『スペクテイター』の世界

一七一一年三月一日の木曜日『スペクテイター』が発行されると、ロンドンでは大きな話題となった。詩人、劇作家として有名なジョン・ゲイ（一六八五―一七三二）はこの雑誌を賞賛して次のようにいっている。

『スペクテイター』という雑誌の出現には驚かされた。毎日発行されるとのことで、文章のスタイルもすばらしく、判断も適切、ウィットとユーモアに溢れている。

ゲイの他にもこの雑誌の出現を喜んだものは数多く、以後ほとんどの誌面がアディソン、スティールの両者が交互に執筆したもので埋められ、一七一二年の十二月、五五五号をもって一応の終末を迎えた。しかしその後もアディソン、スティール以外の人物たちによって『スペクテイター』の名前をかぶせた雑誌が続けられるが、そこにはもはや生彩はみられなかった。

だが、ともかくも『スペクテイター』の出現によってイギリスの雑誌は一挙に隆盛

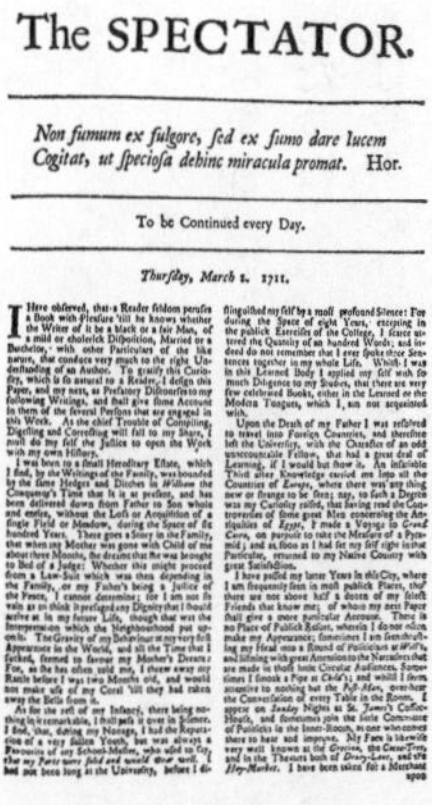

The SPECTATOR.

Non fumum ex fulgore, sed ex fumo dare lucem
Cogitat, ut speciosa dehinc miracula promat. Hor.

To be Continued every Day.

Thursday, March 1. 1711.

I Have observed, that a Reader seldom peruses a Book with Pleasure 'till he knows whether the Writer of it be a black or a fair Man, of a mild or cholerick Disposition, Married or a Batchelor, with other Particulars of the like nature, that conduce very much to the right Understanding of an Author. To gratify this Curiosity, which is so natural to a Reader, I design this Paper, and my next, as Prefatory Discourses to my following Writings, and shall give some Account in them of the several Persons that are engaged in this Work. As the chief Trouble of Compiling, Digesting and Correcting will fall to my Share, I must do my self the Justice to open the Work with my own History.

I was born to a small Hereditary Estate, which I find, by the Writings of the Family, was bounded by the same Hedges and Ditches in *William* the Conqueror's Time that it is at present, and has been delivered down from Father to Son whole and entire, without the Loss or Acquisition of a single Field or Meadow, during the Space of six hundred Years. There goes a Story in the Family, that when my Mother was gone with Child of me about three Months, she dreamt that she was brought to Bed of a Judge: Whether this might proceed from a Law-Suit which was then depending in the Family, or my Father's being a Justice of the Peace, I cannot determine; for I am not so vain as to think it presaged any Dignity that I should arrive at in my future Life, though that was the Interpretation which the Neighbourhood put upon it. The Gravity of my Behaviour at my very first Appearance in the World, and all the Time that I sucked, seemed to favour my Mother's Dream: For, as she has often told me, I threw away my Rattle before I was two Months old, and would not make use of my Coral 'till they had taken away the Bells from it.

As for the rest of my Infancy, there being nothing in it remarkable, I shall pass it over in Silence. I find, that, during my Nonage, I had the Reputation of a very sullen Youth, but was always a Favourite of my School-Master, who used to say, *that my Parts were solid and would wear well.* I had not been long at the University, before I distinguished my self by a most profound Silence: For during the Space of eight Years, excepting in the publick Exercises of the College, I scarce uttered the Quantity of an hundred Words; and indeed do not remember that I ever spoke three Sentences together in my whole Life. Whilst I was in this Learned Body I applied my self with so much Diligence to my Studies, that there are very few celebrated Books, either in the Learned or the Modern Tongues, which I am not acquainted with.

Upon the Death of my Father I was resolved to travel into Foreign Countries, and therefore left the University, with the Character of an odd unaccountable Fellow, that had a great deal of Learning, if I would but show it. An insatiable Thirst after Knowledge carried me into all the Countries of *Europe*, where there was any thing new or strange to be seen; nay, to such a Degree was my Curiosity raised, that having read the Controversies of some great Men concerning the Antiquities of *Egypt*, I made a Voyage to *Grand Cairo*, on purpose to take the Measure of a Pyramid; and as soon as I had set my self right in that Particular, returned to my Native Country with great Satisfaction.

I have passed my latter Years in this City, where I am frequently seen in most publick Places, tho' there are not above half a dozen of my select Friends that know me; of whom my next Paper shall give a more particular Account. There is no Place of Publick Resort, wherein I do not often make my Appearance; sometimes I am seen thrusting my Head into a Round of Politicians at *Will's*, and listning with great Attention to the Narratives that are made in those little Circular Audiences. Sometimes I smoak a Pipe at *Child's*; and whilst I seem attentive to nothing but the *Post-Man*, over-hear the Conversation of every Table in the Room. I appear on *Sunday* Nights at St. *James's* Coffee-House, and sometimes join the little Committee of Politicks in the Inner-Room, as one who comes there to hear and improve. My Face is likewise very well known at the *Grecian*, the *Cocoa-Tree*, and in the Theaters both of *Drury-Lane*, and the *Hay-Market*. I have been taken for a Merchant upon

『スペクテイター』第1号

をみることになり、その後『ガーディアン』『イングリッシュマン』『ワールド』『ミラー』、そしてサミュエル・ジョンソンの『ランブラー』、エドワード・ケイブの『ジェントルマンズ・マガジン』といった雑誌が続々と現われることになる。とくに『ジェントルマンズ・マガジン』は総合雑誌として人々の注目を大いに集めたものであった。

それではいったい『スペクテイター』という雑誌にはどのような特徴があったのだろうか。この点については『スペクテイター』すべてを編集して詳注を付けたドナルド・ボンドが次のように指摘しているのが参考になろう。

すなわち第一に、『スペクテイター』以前の雑誌、たとえば『タトラー』にはコーヒー・ハウスでの、あるいは貴顕淑女たちによるゴシップが数多くちりばめられ、その傾向は『スペクテイター』にも受け継がれてはいたが、その他にもっと数多くの人々の噂や市場での見聞が取り入れられ、さらに真面目な話題が提供された点がある。

第二に政治議論が排された点がある。これまでにも新聞の歴史を述べた際に指摘したように、十七世紀のジャーナリズムはほとんど政治論争をその背景として成立していた。『スペクテイター』はそうした議論を排し、まさに当時の人々の生活のスペクテイター、観察者となろうとしたのである。

第三に、『スペクテイター』以前の雑誌は、一号ごとに個々ばらばらのトピックを扱っていたが、新しい雑誌ではこうしたトピックをひとつにまとめ上げ、一貫性をもったテーマを読者に与えようとしたのである。ボンドはこの点を非常に重要なポイントと考え、当時のコーヒー・ハウスがもっていた性格と重ねて、次のようにいっている。つまり『タトラー』では娯楽についてはホワイト・チョコレート・ハウス、詩はウィル・コーヒー・ハウス、学問はグリーシャン、国内外のニュースはセント・ジェームズと欄が分かれていたのが、『スペクテイター』ではこうしたコーヒー・ハウスとその特徴的なテーマをすべてひとつのスペースにまとめており、世上万般の事柄がスペクテイターの目から逃れることはないというのである。

第四に『スペクテイター』にはなにかひとつのプログラムが初めにあって、それに沿って読者を導くという姿勢がなく、良くいえば好奇心旺盛、悪くいえば手当り次第に話題を探るという傾向がある点をあげている。もちろん道徳的な面に欠けるというのではなく、むしろ十八世紀文学がよく強調する「楽しみと教訓」とを充分に読者に与えようとしていたといえようか。

またボンドはあげていないが、『スペクテイター』の文章の良さ、ある話題を取り上げるタイミングの感覚、またこの雑誌の中にたびたび登場するロジャー・ド・カヴァリーやアンドルー・フリーポートなどの架空人物の魅力なども逸することはできないであろう。その意味では雑誌『スペクテイター』はジャーナリズムの面のみならず、エッセイ文学、ひいては小説の発生とも大いに関わりをもっているといえる。

しかし、なかでも現在のテーマにとって最も重要なことは、コーヒー・ハウスとの関連である。『スペクテイター』第一号をみると次のような記述がある。語り手スペクテイターは、自分の略歴を述べた後、こう語る。

後にこの都市〔ロンドン〕へ移ってきたのだが、現在はいろいろと公の場所にしばしば顔を見せる。といっても知り合いはせいぜい五、六人しかいないのだが、こうした友人については次号でさらに詳しく話したい。さてこうした場所には、まず顔を出さないということはない。ウィルへ行って暖炉を囲む政治家たちの集まりに首を突っ込み、円形に坐った人々の間で行なわれる談論に耳を傾ける。時にはチャイルズでパイプをくゆらせ、『ポストマン』に読みふけっているようなふりをして、あちこちのテーブルで交わされる会話に耳をすましている。土曜の夜はセント・ジェームズ・コーヒー・ハウスに現われ、奥の部屋で行なわれる小人数の政治論議に、自分を啓発するために訪れたかのような顔をして加わる。またグリーシャン、ココア・ツリー、そしてドルーリー・レーンやヘイ・マーケットの劇場にもよく顔を見せる。ここ一〇年以上もの間、取引所では商売人として通ってきたので、ジョナサンでは株式仲買人の間で時としてユダヤ人で通ることもある。手短かにいえば、どこで人に会っても必ずうちとけるのだが、クラブ以外では絶対に口を開かないのである。

グリーシャン・コーヒー・ハウス

ここには今までにも触れてきたコーヒー・ハウスの名前があげられており、『スペクテイター』の語り手がこうしたコーヒー・ハウスで仕入れたニュース、話題をやがて誌面に提供していくことが予想されている。

しかしコーヒー・ハウスが当時の雑誌などにとってひとつのニュース源であったことは、すでに述べたように必ずしも『スペクテイター』だけの特色ではなかった。誌面のまとまりという点からは見劣りする『タトラー』にも、似たような情景が描かれていることは、すでに漱石の訳で示した第一号から明らかであろう。むしろ、コーヒー・ハウスと新聞、雑誌などのジャーナリズムは、いわばもちつもたれつの関係にあったといえるのではないか。

コーヒー・ハウスとジャーナリズム

創刊して間もない第一〇号の『スペクテイター』に次のような文章がある。

まことに満足すべきことだが、この大都市〔ロンドン〕では、毎日この雑誌を求め、そこに掲載された朝の講義を、ますます真面目に、注意深く聞こうとする人々が増えていることだ。出版元の話では、毎日三〇〇〇部が印刷されているとのこと、一部につき読者二〇人と考えると（まあこれが妥当な数字だろうが）、ロンドン市とウェストミンスターで六万人がこの雑誌を読んでいる計算となるわけだ。……ソクラテスは哲学を天上から地上の人々の中へ引きおろしたといわれているが、この雑誌は学問を書斎や図書館、学校、大学から外へ出して、クラブや人の集まり、お茶の席やコーヒー・ハウスへ持ち込んだといってもよかろう。

大変な自慢ぶりだが、ここに一部につき二〇人の読者というのは、たとえばコーヒー・ハウスのテーブルに『スペクテイター』が置いてあれば、入れ替り立ち替り入って来るお客はそれを手にとって読むわけで、このくらいの数の人間が読んだとも予想できる。また当時はまだ字が読めない者も多かったが、こういう人は同席した人間で字の読める者が声に出して読むのを、聞いていたのである。したがって、『スペクテイター』になんらかのかたちで触れたものは、かなりの数にのぼると考えられる。

こうしてみると、コーヒー・ハウス側にとっては、店内に新聞、雑誌類が置かれていて最新のニュースが提供されるということで、客を魅きつけることができるし、一方、新聞、雑誌を発行する側では、コーヒー・ハウスが定期的にある程度の部数を購入してくれるため、売り上げが良くなるわけである。したがって、『スペクテイター』の出版を引き受けていたサミュエル・バックリー（一六九六―一七四一）は、おそらくこの時代に出版事業に関わったものの中で、最も成功した一人とまでいわれるのである。

ライオンの頭の投書箱

一方、新聞、雑誌を発行する側にとっても、コーヒー・ハウスは重要なニュース源として欠かせないものであった。『スペクテイター』は毎日発行されるのだから、記事になりそうな話題を探すだけでも容易なことではない。だからニュースに困ると、コーヒー・ハウスへ出かけて行って友人と談笑したり、回りの人間の話に耳を傾けたりして、何かよい新聞種はないかと探すのである。そして記事になりそうなことがあると、すぐにその場で文章を書いた。

またアディソンは、自分の行きつけのコーヒー・ハウスであるバトンに、ライオンの頭のかたちをした投書箱を備え付けて、自分の編集する雑誌に投書したい者はここに入れよ、と断わっている。こうして集まった投書の中から、おもしろそうな話題、テーマをみつけて記事にしたり、あるいは投書がない場合には、編集者みずからが「読者からの手紙」を装った文章を入れるということを行なう雑誌もあった。

さらに今日の新聞、雑誌のように、広告を大幅に取り入れることも行なわれた。それらをみると、演劇の案内から流行の服、最新の鬘、交際を求める広告などがあり、きわめて多岐にわたって広告が掲載されていたことがわかる。またとくに多かったのは、薬や医師の広告であった。そうした中で、たとえば次のような珍しいものもある。すなわち一七二八年の十月七日付『デイリー・ポスト』掲載のもので、内容は「女性同士のボクシング試合」が行なわれるにあたり、両者が交わした挑戦状である。

当方、ストーク・ニュウイントン在住のアン・フィールドなり。防御にすぐれたボクサーとして知られているものなるが、ここにヨーロッパ・チャンピオンを名乗るストークスなる女性に挑戦を受け、一〇ポンドにて試合をするものなり。これにより、アン・フィールドこそ真のチャンピオンなることが証明されるであろう。

ロンドン市在住、エリザベス・ストークスは、六年前、ビリンズゲイトの有名な拳闘女と九分間の戦いをし、完全に打ちのめしたが、それ以来久方ぶりの戦いなり。ここにストーク・ニュウイントンの有名なる女性から一〇ポンド・マッチの誘いあり、喜んで受けて立ち、必ずや相手を打ちのめすことであろう。

こうした戦いは珍しいものではなかったらしく、また女性同士であるから相手の目をひっかいたり、髪を引っ張ることのないように、コインを握らせて闘わせたそうだ。また男女間の交際を求める広告には、一七〇九年三月十一日付の『タトラー』に次のようなものがある。

現在二〇歳の紳士。ホワイトホール・ステーアズで船より降りるのを助けた女性に話したきことあり。……ニュー・サザンプトン街《ストリート》の上手《かみて》の黄金の首（看板のこと）メイ氏気付にて、サミュエル・リーブス氏に手紙を送られたし。

このように新聞、雑誌などのジャーナリズムとコーヒー・ハウスとは、当時の人々の生活にとって役に立つ情報や、あるいは娯楽のもととなるニュースを提供するという共通点を有していたのである。

そうした情報提供という面を考えてみると、なんといっても重要なのは、商売や貿易に従事していた階層が、どれだけ速く正確に株式や相場の情報を得るかという点であろう。そこで次に経済活動とコーヒー・ハウスとの関わりを、主として情報という面に焦点をあてて考えてみたい。

3　コーヒー・ハウスの経済学

コーヒー・ハウスと経済活動

コーヒー・ハウスが増えるに従い、それぞれの店の客層が徐々に決まってきた点についてでは、これまでにも再三触れたが、そうした中で十七世紀中頃から力と富を貯えてイギリス社会の発展に貢献した商人たちも、それぞれ行きつけのコーヒー・ハウスをもつようになった。その際、情報をできるだけ素早く入手することが商売敵の機先を制する道であり、商人たちは取引所近くのコーヒー・ハウスを利用することが多かった。

もともと取引所は、一五七一年にエリザベス女王のもとで開かれたものであったが、一六六六年のロンドン大火の際に焼失し、その後、建築家エドワード・ジャーマン（?—一六六八）のデザインによって再建されて、一六七〇年前後から取引所近くに再び商人層が集まるようになる。しかし商人たちは取引所を使わずに、近くのタバーンやコーヒー・ハウスなどで商売の話をしたといわれている。

そうしたコーヒー・ハウスの中で、まず第一に名前をあげなければならないのは、コーンヒルのエクスチェンジ小路《アレイ》にあったギャラウェイ・コーヒー・ハウスである。この店はトマス・ギャラウェイという商人が、十七世紀中頃というかなり早い時期に開いたもので、「ろうそく競売」という方法で船の売買が行なわれるので有名であった。これはろうそくの中にピンを入れておき、やがてまわりのろうが溶けてピンが倒れる直前に値を付けたものが落札するという、いささか変わった方法である。この落札方法は船の売買のみならず、砂糖、コーヒー、材木、スパイスなど、さまざまなものの競売にも使用されたらしい。また、十七世紀に入ってイギリスにもたらされた茶の小売りを最初に行なったのも、このギャラウェイの店であったといわれる。

十八世紀初頭、市場が非常に不潔で、これが再三議論の的となったことがある。場所を指定された野外市場で、定期的に行なわれる商売以外に、無断で市を開いたり、行商人が勝手に店を道路上に拡げるということが再三行なわれ、肉や魚、果物、野菜などが乱雑なまま路上に放置された結果、これが問題となったのであった。

十七世紀末にも似たようなことがみられ、ロンドン市会は条例を定めて路上に品物を並べることを禁じ、違反者には四〇シリングの罰金を科したのだが、なかなか効果は上がらなかったらしい。おまけにこうした品物、材料を積んだ車が一晩中道に置かれ、通行の妨げになったり、野菜のくずが道路上に積まれていたため、馬車や荷車が転覆する恐れがあった。こうした状況をみて取引所近くの商人たちは、対策を協議するためギャラウェイに集まったが、名案はでなかったようである。

このギャラウェイと同じく、エクスチェンジ小路《アレイ》にあったジョナサン・コーヒー・ハウスは、十七世紀末につくられたもので、初めの頃は、カトリックによる陰謀、反乱の温床としてブラック・リストにも載せられた店である。一六九六年に、時の国王ウィリアム三世の殺害計画が明るみに出て、首謀者らが裁判にかけられるという事件があった。その際、暗殺計画に加わった者たちが、ジョナサンでよく会合を開いていたという事実が、公《おおやけ》にされたのである。十七世紀末には、この店の名は主として反乱の巣として通っていたようだ。

しかしジョナサンの名がとくに有名なのは、この店が株取引の中心的な存在だったからで、事実一七〇九年の『タトラー』のある号には、「株屋たちが多く集まるコーヒー・ハウス」と評されている。一七一九年から一七二〇年にかけては「泡沫時代」と評されるほど、次から次へと泡のようにできては消えてゆく、ちっぽけな会社が多く現われ、異常な投機熱が高まった時代だが、この時代にもジョナサン・コーヒー・ハウスはそうした投機熱に浮かされる人々の集まった場所であった。

とくに一七一一年に設立された南海会社を契機として起こった騒ぎは、当時の政財界をも含む大騒動で、ジョナサンは一七二〇年の八月頃まではすさまじい数の人間で溢れんばかりだったようだ。ところが、この年の七月に一〇〇〇ポンドに上がっていた南海会社の株価が、八月に一三五ポンドに暴落して、多くの犠牲者が生まれ、年が明けると、ジョナサンはかつての騒ぎがウソのように静かになってゆく。ある記録によると、こんなふうだったらしい。

市内は何も新しいことも生まれず、ただ不安、不満の声に満ちている。取引所は訪れる者とてない。ジョナサンもギャラウェイも空っぽで、エクスチェンジ小路《アレイ》には通行人以外に人もいず、日常の商売が行なわれているだけだ。

（『デイリー・ポスト』）

しかしこの後もジョナサンは、株や投機、取引に関心のある人々が多く訪れる店として、名を馳せた。

ロイズ・コーヒー・ハウス

経済活動と情報、あるいはジャーナリズム、そしてコーヒー・ハウスの三者を結ぶ役割を果たした店として、どうしても忘れることのできないのは、ロイズ・コーヒー・ハウスである。

今日でも世界中の保険がなんらかのかたちで必ずロイズと結び付くといわれるほどの規模をもち、大型船舶からマリリン・モンローの脚にまで保険を付けるロイズ。この世界最大の保険機構は、そもそも十七世紀末のイギリスにできた小さなコーヒー・ハウスから始まったものなのである。商取引の場と、新聞や広告などから情報を得ると同時に、逆にそうしたジャーナリズムに情報をもたらす場、このふたつの機能を兼ね備えていたのがロイズなのである。

十七世紀の保険制度は、今日のように特別の保険会社が存在するのではなく、金融業者や貿易商人が個人で保険を引き受けていた。こうした保険業者は、証券の下部に引き受けたことを示す署名をしたので、アンダーライターと呼ばれていた。ところがこういうアンダーライターは個人で保険を引き受けるために、大きな荷や品物の場合、非常にリスクが大きい。たとえば話はやや変わるが、十八世紀初めにチャプター・コーヒー・ハウスという店では、五人の出版業者が集まり、高価な本を出版する際のリスクを共同で分担することが行なわれていた。船舶や船荷にかける保険などは、大変な危険が伴うのであり、保険の引き受け手を捜すのも大変な労働だったのである。

ロイズ・コーヒー・ハウスはこのような背景の中で一六八八年頃（一六八六年から八七年という説もある）につくられたらしい。一六八八年二月の『ロンドン・ガゼット』の広告をみると、タワー街《ストリート》のコーヒー・ハウス経営者としてエドワード・ロイド（一六四八？―一七一三）の名前があがっているが、これが今日のロイズの元をつくった人物である。一六九二年になるとロイドはロンバード街《ストリート》に店を移し、ここが船舶取引、保険の中心になってゆく。たとえばこの年の十月の『ロンドン・ガゼット』には次のような記事が載っている。

十一月八日火曜日に、プリマスのベネット・コーヒー・ハウスにて、ろうそく競売により三隻（付属品とも）の船の競売が行なわれる。船名はテレサ、セント・トマス、パルモで、初めの二隻は四〇〇トン、あとの一隻は一〇〇トン。目録はロンドンのロンバード街《ストリート》、ロイズ・コーヒー・ハウスにて見られる。

『ロイズ・ニューズ』刊行

ロイズがロンバード街《ストリート》で隆盛を迎えるまでは、先にあげたギャラウェイ・コーヒー・ハウスなどに、主として船主たちが多く集まっていた。ところが一六九六年にロイズは、コーヒー・ハウスに集まる客のために船舶情報を掲載した『ロイズ・ニューズ』という新聞を発行して、客の便宜に供した。これが、ある意味ではロイズの地位を不動のものにする一石だったのである。海上保険の取り扱いに際しては、なによりも正確な情報こそが重要だったのであり、その点でロイズは他のコーヒー・ハウスに一歩先んじていたわけである。

ところで発行された新聞は表裏二面からなり、週三回出されたが、一六九七年の二月二十三日、第七六号で終わっている。これは第七六号に「(絹の輸入禁止法案に関し)上院はクエーカー教徒から請願を受け取った」という記事を載せたことが、事実無根との批判を受け、ロイドが上院の委員会に召喚されて訂正を迫られたのに対し、ロイドがこれを拒否し、新聞の発行をやめたためである。

しかしその後もロイズ・コーヒー・ハウスは繁栄を続けた。一七〇〇年に出された「裕福な商店主、あるいは恵み深きキリスト教徒」という詩では、次のように唱われている。

それからロイズ・コーヒー・ハウスへ欠かさず行き

手紙を読んだり、競売に出る

また一七一一年四月二十三日の『スペクテイター』第四六号には、次のような描写がある。

一週間ほど前のことだが、全く妙なことが私の身に起こった。その原因というのが〔この雑誌を書くための〕メモを、競売がよく行なわれているロイズ・コーヒー・ハウスで落したためだったのである。メモがないと気づいたときには、他の人がすでに見つけていて、コーヒー・ハウスの奥で多勢の連中がそれを読んでおもしろがっていたのだ。何を騒いでいるのだろうと思ったときには、連中はげらげらと笑っていたものだから、取り戻しに行く勇気もなかった。その連中が読み終えてしまうと、コーヒー・ハウスのボーイが、手に持って、どなたか書類を落とされませんでしたか、と聞いてまわっている。ところが誰も名乗りをあげないので、先ほど大騒ぎをした連中がボーイに向かって、競売用の壇にのぼって部屋中に読んで聞かせろ、思い当たる奴がいれば、取りにくるだろうとけしかける。そこでボーイは壇にのぼると、よく通る声で読み上げた。

こうして読み上げられたのが、記事を書くためのメモ、覚え書きだったので、まるで脈絡がなく、そのためにコーヒー・ハウス全体が笑いの渦に包まれることになる。当時のコーヒー・ハウスの賑わいをほうふつとさせるエピソードといえよう。ともかくも、このようにロイズは、商人やアンダーライターたちの溜り場として栄えていたのである。

勅許保険会社への反対

一方、中断された『ロイズ・ニューズ』は一七三四年に『ロイズ・リスト』と名を変えて再刊される。しかしこのときにはエドワード・ロイドはすでに死亡していた。ところでこの『ロイズ・リスト』が発行されるまでの間に、後のロイズの方向を決定づける出来事が起こっている。前にも述べたように一七一〇年代のイギリスは、南海泡沫事件とその余波で大きく揺れた時代であった。ともかく雨後の筍のように次から次へと会社がつくられては、消えていったのである。そうしたなかで、小さな個人アンダーライター中心の保険会社に代わって、政府の勅許を得た保険会社をつくろうという動きが出てくる。つまり大資本を持ち、政府の監督した保険会社の方が安全だという声が強くなったのである。

保険会社は、十七世紀末からいろいろな種類のものが数多くつくられていた。ロンドン大火後は、当然のことながら火災保険が盛んに論議されていたし、十八世紀には次から次へと特殊な保険がつくられてゆく。ジンを飲み過ぎて死亡した場合の保険などというものもあったし、あるいは結婚保険というのもあった。このような群小の保険会社は、勅許保険会社が設立されれば、消えてなくなることは目にみえている。したがって弱小の保険会社と、ロイズなどにいた個人アンダーライターたちは、この政府主導の保険会社設立に反対したのである。

しかしながら、この反対も空しく、一七二〇年六月に勅許保険会社が設立され、それ以外の会社は禁止された。ところが個人のアンダーライターは、この規制の対象とならず、逆に彼らは勅許を得たかたちになり、また小さな保険会社が禁止されたことで、競争相手がいなくなったため、これまでよりも盛んに活躍できることになった。こうして個人のアンダーライターたちはロイズを拠点として、保険業務に精を出したため、ロイズはとくに海上保険の分野を中心として、ますます繁栄することになったのである。

このような背景の中で『ロイズ・リスト』が発行されたのだが、この発行主は、エドワード・ロイドの後を継いでコーヒー・ハウスを経営していたジェムソンであった。現在残っている『ロイズ・リスト』の一番古いものは一七四〇年一月二日付のもので、これによると発行日は火曜日と金曜日とされている。この後一七四八年のコーンヒルの大火をもロイズは類焼を免れて、隆盛を続けるが、一七六〇年代の後半に、ロイズはひとつの大きな転機を迎えることになる。そこに至るまでの経緯を追ってみよう。

ロイズの変遷

一七三八年に、ジェムソンの後を継いでリチャード・ベーカーという男がロイズ・コーヒー・ハウスの経営者になったが、このベーカーは、一七四八年の三月に死亡し、妻のマーサーが後を継ぐのだが、一七五四年に彼女はサミュエル・サンダースという男と再婚し、このサンダースがロイズの経営者となる。そしてこの頃から、ロイズ・コーヒー・ハウスはさまざまの商人、ブローカーたちの本拠地としてロンドンの住所録に定期的に掲載される。

一七六三年にサンダースが死亡すると、遺言によって、妹のメアリーとその夫トマス・ロレンスが店を継ぐのだが、ロレンスは商売の方にはほとんど見向きもせず、代わってウェイター長のチャールズ・ウォラーがひとりで店を切りまわすことになる。ある研究者によると、これがロイズのトラブルのもとであったといわれる。

ニュー・ロイズの誕生

このように次々と経営者、あるいは実質的な経営者が代わって一七六八年を迎え、『ロンドン・クロニクル』にロイズ・コーヒー・ハウスを糾弾する文章が現われる。ロイズでは不法な賭博がはやっており、これが今日の道徳的腐敗のまことに悲しむべき証拠だという激しい批判であった。

前にも述べたように、元来保険には賭博、あるいは投機的な要素が強く、必ずしもロイズのみがそのことで糾弾される筋合のものではなかったのだが、こうした批判がロイズの内紛をさらに助長する結果となってしまった。つまり経営者のローレンスは店のことにあまり関心を払わないし、実質的に店を切り盛りしているウォラーについては客の受けが良くない。そうして外部から腐敗うんぬんの批判が出たため、ロイズのなじみ客たちはウェイターのひとりトマス・フィールディングをもり立てて新しいコーヒー・ハウスをつくるという動きをみせたのである。

フィールディングは、礼儀正しく能力もある人物だったので、客たちの受けも良かった。また店の経営にも明るかったので、やがて一七六九年三月に、ポープス・ヘッド小路《アレイ》（ロンバード街《ストリート》とコーンヒル通りを結ぶ通り）五番地に年八〇ポンドの借り賃で店を借り、ロイズのなじみ客たちに案内状を配って新しいコーヒー・ハウスを開いたのである。これがニュー・ロイズ・コーヒー・ハウスであった。そしてこの店では海上保険のみが取り扱われるということになった。

こうした動きにびっくりしたのは、今まで店の経営にほとんど関心を払わなかったトマス・ロレンスである。すぐ近くに似たようなコーヒー・ハウスができるうえに、これまで自分の代わりに店の実質的な経営を行なっていたウォラーが、フィールディング派の客たちの裏工作で、店をやめるといい出したのである。

こうなるとのんびりしていたロレンスも、事の重大さに気づき、なんとか挽回策を考えようとする。そこで四〇年代にロイズを経営していたベーカーの忘れ形見リチャード・ベーカーという若者とともに、フィールディングの案内状に対立して次のような文章を『パブリック・アドバタイザー』に載せた。

ロンバード街《ストリート》のロイズ・コーヒー・ハウスをお使いの皆様へ
トマス・フィールディングの案内状によりますと、ロイズのチャールズ・ウォラーが店をやめるため、これまでのような業務が行なわれないこと、船舶ニュース、その他の情報も三月二十五日をもってロイズでは行なわれなくなることなどが告知されておりますが、これはまっ赤な偽り、これまでどおり船舶ニュース、その他の情報は当ロイズにて引き続きお知らせ致します。

またウェイターのチャールズ・ウォラーの退職うんぬんが取り沙汰されておりますが、これに関しては今後はトマス・ロレンス、及びリチャード・ベーカーがウォラーに代わり、皆様のお役に立つ所存でございますので、これまで同様お引立ての程よろしくお願い申し上げます。

皆様方の従順なる召使い

トマス・ロレンス、リチャード・ベーカー

三月十四日　ロンドン

この後数年間は旧ロイズと新ロイズとの間に激しい文書合戦が展開され、また『ロイズ・リスト』も両方の店から出されるという状態が続くのだが、一七七一年にアンダーライターたちが基金をつのって、新ロイズのために新しい店を探すことを始め、やがて「ロイズの父」と呼ばれたジョン・アンガースタインらの努力によって、一七七四年に新ロイズの本拠地が取引所内に置かれることになる。

こうして新旧ロイズの戦いは、新ロイズの勝利に終わったのだが、それに伴い、かつてのようにコーヒー・ハウスを基盤とした保険業務も終末を迎えることになったのである。そして旧ロイズは新ロイズの隆盛の陰で、徐々にかつての栄光を失い、一七八五年頃には消滅していったのであった。

ある意味では旧ロイズの発展とその没落とは、コーヒー・ハウスそのものの盛衰と軌を一にしていたのである。しかし前にも述べたように、ロイズが商売や取引にとって情報のもつ重要性を認識し、コーヒー・ハウスを本拠地として、そうした情報を印刷して配ったことは、充分評価すべき点だといえるだろう。

郵便とコーヒー・ハウス

最後にもうひとつ重要な点を取り上げておかなければならない。それは郵便制度の発達とコーヒー・ハウスとの関わりである。今日のように電話もなく、またマス・メディアも発達していない時代のロンドンでは、通信手段として重要なものは直接に相手のもとへ行くか、召使いに手紙をもたせて使いにやるか、あるいは郵便配達制度を利用するか、の三つくらいに限られていた。なかでも最後の方法は重要なもので、コーヒー・ハウスと大いに関連がある。

もともとイギリスでは郵便制度がかなり早い時期から整備されてきたが、十七世紀になると国内の郵便は官営一本化が行なわれ、一般の国民にも公開された。しかし十七世紀の後半においてはまだ戸別配達制度は確立されておらず、宿屋やコーヒー・ハウスに留め置きにして、それを取りに行くというかたちがとられていた。したがって商売人の中には、前にも述べたように行きつけのコーヒー・ハウスを商売用の手紙の住所にして、そこへ届けられた手紙を毎日取りに行く方法をとることもあった。

そうした中で一六八〇年にウィリアム・ドックラ（?—一七一六）が創設したペニー郵便は、戸別配達制度を取り入れた点で革命的なものであったといってよい。この制度の概略を星名定雄氏の『郵便の文化史』（みすず書房）によって概観すれば次のようになる。まず引き受ける郵便物は書状と小包で、重さ一ポンド以下、価格一〇ポンド以下であれば料金は一律一ペニーで、料金は先払い。集配地区はロンドンとその周辺の一部で、市街地からやや離れた地区は局留めが普通だが、一ペニー余計に払えば戸別配達も行なわれる。ペニー郵便の本局はドックラの家で、市内五ヵ所に分室を設け、さらに書状引受所を市内に一七九ヵ所つくって、午前八時から午後八時まで一時間ごとに郵便を配達した。しかし時には配達が遅れると苦情をいう者もでたので、ドックラは配達日の曜日と時間を示す日付印をつくり、すべての郵便物に押印し、また料金収納印も押印したのである。

こうした制度のもとでロンドン市民は大いに手紙のやりとりを行なったのだが、官営の郵便制度を有していた政府の弾圧もあって、一六八三年には廃業を余儀なくされた。しかし戸別配達を中心としたペニー郵便は、イギリスの郵便制度を大きく変え、また新聞の普及にも寄与したのである。

こうした流れの中で、コーヒー・ハウスは郵便の集配所としての機能をも果たしていたのだが、なかでも船舶郵便との関係は浅からぬものがあった。この船舶郵便というのは、外国向けの郵便物のことだが、普通は官営の郵便船によって運ばれていたものの、船の数が少なく需要に追いつかなかったので、商船や軍艦に託して送られていた。政府はこうした方法は、官営の郵便制度を邪魔するものだとして規制したが、その効果もなく、直接船長に郵便を渡す方法がよくとられていた。こうした船舶郵便がコーヒー・ハウスをひとつの根拠地にしていたのである。星名氏はこう述べている。

ところで、船舶郵便の利用に欠かせないのがロンドンの町々にあったコーヒー・ハウスである。すなわち、ロンドン港を出発する船の船長は、このコーヒー・ハウスの店のなかに麻の袋を下げて出港日時、行先などを掲示し、郵便物の受付けを行なった。このように、コーヒー・ハウスは船舶郵便物を取り扱う〝私設〟外国郵便局として機能し、官営の郵便制度の不備を補完した。(『郵便の文化史』)

こうしてみるとコーヒー・ハウスは、新聞、雑誌から郵便に至るさまざまの情報文化の基地をなしていたことがわかるであろう。

第三章　ウィットたちの世界

——文学サークル、科学実験、チャップ・ブック

1　ドライデンと「ウィル」

さまざまのレッテル

十七世紀末から十八世紀中頃にかけてのイギリス文学というのはあまり人気のないものである。

たとえばこの時代の文学・芸術全般を総称して「新古典主義の文学」「擬古典主義の文学」という言葉が使われたり、あるいは時代そのものを「理性の時代」と呼ぶことも行なわれてきた。「新古典主義」というのは、ギリシア、ローマの古典を範として、その模倣の内にとどまりながら、文学、芸術をつくり上げようとする姿勢が顕著だと判定してかぶせたレッテルであり、「擬古典主義」ないしは「偽古典主義」というのは、そうした文学観、芸術観には真の意味での創造、人間の情念に根ざした文芸

活動がないと断定して、きわめて否定的なニュアンスを含ませた言葉だった。

一方、「理性の時代」というのも、文学、芸術活動というのはすべからく人間個人の感情を源泉として生まれた創造行為であるというロマン主義の文学観を基準として、この時代の文芸活動にはそのような感情の発露がなく、普遍的な理性、判断力に重きを置いた冷たい時代なのだという否定的評価から生まれたものであった。具体的な例をあげるならば、再び漱石の『文学評論』の中の、次のような言葉であろう。

英文学におけるエリザベス時代とポープ時代とはいろいろな点において異なっているけれども、その中で最も著しく吾人の目に映ずるのは下の点である。エリザベス時代は青春時代で、元気旺盛で、創造的で、浪漫的で、万事に気儘勝手な所がある。その一時期が済むと今度はその反動として、どうもあんなに無規律では余り締りがなさ過ぎる。どうか今少し整然と見苦しからぬようにしたい。即ちまえの時代の如く各自新意匠を出して勝手な熱を吹くよりも、意匠は在来のものでも沢山だからして、これを一層よく仕上げたらば可《よ》かろうという気になる。その整理的傾向がドライデンを通してポープまで来ると動きの取れない位窮屈な頂点に上り詰めてしまった。それだからしてポープの時代には独創とか新奇とかいうことは既に彼らの頭脳を去っている。

漱石はここで、エリザベス朝時代と十八世紀とを対照させながら、前者をある意味で自由奔放な独創性に溢れた青春時代、後者を規則に縛られた中年以後の時代としてとらえているようである。

こうした見方は『文学評論』のもとになった講義が行なわれた二十世紀初頭においては、英米の学界においても主導的なものであった。仮りに十八世紀英文学を肯定的にとらえる見方が存在したとしても、その方法はたとえばポープの作品の中にロマン主義の萌芽となるものを見出し、「前ロマン主義」の時代という側面を十八世紀英文学の中でとくに強調するといった方法にとどまるのであった。「ポープの時代におけるロマンティックな要素」とか「ドライデン、アディソン、ポープにおけるロマン派的傾向」などという論文が多く公刊されたのも、この時代であった。

十八世紀の評価

しかしながら二十世紀が進むにつれて、今までのような十八世紀英文学の評価は徐々に変化をみせることとなる。それは従来のロマン派的な文学観を基本として十八世紀の文学を裁断する方法ではなく、むしろ十八世紀のいわゆる「古典主義」なるものを積極的に評価するというアプローチであった。

なぜそのような評価が生まれてきたのか、その理由は簡単に答えられるものではないし、またさまざまな要因が絡んでいると思われるが、ひとつにはロマン派の文学観が行き詰まりをみせてゆく潮流の中で、もう一度十八世紀英文学をその個々の作品に即して検討し直そうという動きが大きな流れとなって、文学研究に影響を与えた点があげられるかもしれない。あるいは二十世紀の文芸批評に良くも悪しくも大きな影響を与えたT・S・エリオット（一八八八―一九六五）の「古典主義」がその一翼を担った点をあげることもできるだろう。

しかしこうした十八世紀英文学評価の変化については、この他にもさまざまな要因を考えることが必要であろうし、今はその点に詳しく触れている余裕もない。ただ重要なことは、この変化の中で十八世紀という時代を「新古典主義時代」「理性の時代」というレッテルで片づけるのではなく、違った名称が採用されるようになった点であろう。

たとえば二十世紀中頃から多く使われるようになった名称は「オーガスタン時代」「多様性の時代」などというものから、「感受性の時代」（これは十八世紀全般ではなく、かなり限定してある）、さらにはただ「十八世紀」とだけ規定して、価値評価をできるだけ排除するような名称をとることも多くなった。

「オーガスタン時代」というのは、古代ローマの文運隆盛であった時代の王がオーガスタン（あるいはアウグストゥスといったほうが良いかもしれない）で、これにちなんで十八世紀のアン女王の時代を呼んだものだが、やがて十八世紀全般を指すようになった。一方「感受性の時代」は、十八世紀中期をとくにさす名称で、「古典主義」でも「ロマン主義」でもない、ひとつのアイデンティティを持った時代だというニュアンスがこめられていた。

さらに「十八世紀」とだけ呼ぶいい方は、おそらく今日最も普通に使われるレッテルで、そこにはこれまであげてきた名称のような、ある特定のニュアンスが含まれていないだけに、最も無難といえる。しかしながら、いったい「十八世紀」というのが、一七〇一年から一八〇〇年までの一世紀を指すのか、そしてそこにある統一した特色を見出すのかという点になると、大きな問題を含むといえるだろう。大雑把に考えてみても一七四〇年代までの文学と、その後の文学との間には大きな相違がみられるのは事実なのである。そこで「十八世紀」という名称で一六六〇年から一七四〇年までの文学をひとつにくくるという方法も数多く行なわれているのだ。

このように考えてみると、おそらく最も無難で、また十八世紀英文学全般をカバーする名称というのは、当然のことながら見出しがたいといえよう。あるいは、単にレッテルのことだ、必ずしもそれにあまりこだわる必要はないというふうにも考えられる。

ただ、二十世紀中頃からの研究の深まりによって、十八世紀英文学がさまざまの面をもっていることが明らかにされてきている状況では、たとえばこの時代を「多様性の時代」という言葉で一応とらえ、その具体的内容についてはひとつひとつ検証を加えてゆくという姿勢が重要だともいえるのである。その意味ではアメリカの十八世紀学者としてきわめて精力的に仕事をこなすと同時に、また戦闘的な批評家として名高いドナルド・グリーンが著した『多様性の時代』という書は、小さいものながら重要な概説書といえるかもしれない。

日本における十八世紀研究

ところで、こうした欧米の十八世紀研究史を日本の状況に置き換えて考えると、いったいどのようなことがいえるだろうか。

簡単にいってしまえば、英米の十八世紀研究の状況とほぼ同じ軌跡を描いてきたのである。明治維新とともに西欧の文芸が日本に流れ込み、翻訳、翻案、あるいは紹介、研究を通して日本の文学、言語、芸術、社会などに大きな影響を与えてきたことは今さらいうまでもないが、ことイギリス文学に限っていえば、十八世紀という時代は黙殺に近い状況が長い間続いてきたといってよい。

もちろん明治以降、十八世紀研究でみるべきものがなかったというのではない。なによりもこれまで再三取り上げてきた漱石の『文学評論』ということにすぐれた十八世紀研究がある。また十八世紀の小説、散文などの翻訳を通して、この時代が紹介されてきたことも見逃してはならない。個々の専門的研究も、たとえばロマン派、エリザベス朝、戦後のアメリカ研究などと比べれば数こそ圧倒的な差があるものの、地道な論文、著書が絶え間なく公刊されてはいる。しかしながら、それでもなお日本における十八世紀研究は、まだ人気のない分野だという点は率直に認めなければならないだろう（必ずしも人気があるかどうかは大きな問題ではないのだが）。

具体的には、十八世紀英文学を考える際にどうしても避けて通ることのできないドライデンの研究は、ほとんど日本では行なわれていないのが現状なのである。また、十八世紀全般を見渡す有効な見取図を提示してくれる研究も、おそらくは漱石の『文学評論』を質量ともにしのぐものは出されていないのである。

ジョン・ドライデン

こうした事情が生まれた原因、背景はいったい何なのかという点は、これまた大きな問題で一筋縄ではいかないのだが、あえて概括すれば、なによりもまず文学作品とは作者個人の感情の発露が結晶したものに他ならないという、ロマン派の文学観にまだわれわれは縛られているという面があるからではないだろうか。もしそうだとするなら、われわれはそうした見方を背後に押しやって、もう一度十八世紀英文学の作品そのものと、それを成立させた土壌を改めて検討する必要があるのではないか。

このような見地に立って、十七世紀後半から十八世紀前半にかけて活躍した文人たちとコーヒー・ハウスとの関わりを本章では扱いたい。

ドライデン

王政復古以後、コーヒー・ハウスが発展する時代にあって、イギリスの文学界をリードした文人の筆頭にあげるべきはジョン・ドライデン（一六三一―一七〇〇）であった。

一六三一年八月にノーザンプトンシャーで生まれたドライデンは、ケンブリッジ大学のトリニティ・カレッジを卒業後、父の死去とともに独立した生活に入り、文筆で身を立てるようになる。一六六〇年の王政復古に至るまでのドライデンは、ピューリタン革命の立役者オリヴァー・クロムウェルを賛美した詩を発表したりしていたが、チャールズ二世が帰還するや国王礼讃の詩『星の再臨』を発表する。また『平信徒の宗教』などによってイギリス国教会を弁護していたにもかかわらず、晩年『雌鹿と豹』を発表してローマ・カトリック教会への帰依を明らかにして物議を醸した。一七〇〇年、つまり十七世紀の最後の年にこの世を去ったわけだが、その生涯は、ピューリタン革命から王政復古、そして名誉革命という激動の時代を経て、安定と成熟の十八世紀に至る時代とほぼ重なり合うのである。

王立協会の一員に選ばれ、また一六六八年には桂冠詩人に任ぜられて、名実ともに同時代のイギリス第一の文人と考えられたドライデンの文学活動は、十七世紀末のみならず、十八世紀前半のイギリス文学を考える際には、どうしても避けて通るわけにはゆかないものである。王政復古期以後の演劇を考える際には、ドライデンの『劇詩論』と『すべて恋のために』などの劇作、ポープの『ダンシアッド』などへつながる諷刺詩、あるいは十七世紀末から十八世紀にかけて数多く書かれた「国事詩」、つまり同時代の政治、社会などに現われたトピックを主題にした詩については『マック・フレクノー』、宗教問題については『雌鹿と豹』、さらには文学批評、翻訳理論などの面でドライデンのエッセイが果たした役割など、ドライデンを読むことで十七世紀末から十八世紀の文学研究の基礎作業を行なえるといっても過言ではないのである。しかしながら、そうしたドライデンの文学活動を詳細にみてゆくことは、本書の課題ではない。また正直いって、筆者にそれだけの力量もないことは認めざるを得ない。むしろドライデンという、いわば当時の文壇の大御所的存在を軸とし、彼がしばしば訪れて取り巻きの文学者や芸術家、三文文士らと会話を交わしたウィル・コーヒー・ハウスの歴史を辿ることで、十七世紀末の文人像を探ることから始めたいと思う。

ウィルのウィットたち

そこでウィルというコーヒー・ハウスであるが、この名前はコーヒー・ハウスの歴史を繙《ひもと》けばたびたび登場するものである。『ロンドンのコーヒー・ハウス』というコーヒー・ハウス一軒ごとのリストを個々に編年体にしてまとめた本によれば、十七世紀末から十八世紀にかけてのロンドンにはウィルという店が少なくとも一〇軒はあったようだ。その中で最も重要な店はコヴェント・ガーデンのラッセル通りの西にあったもので、王政復古の直後につくられたらしい。店を開いたのはウィリアム・アーウインという男らしいが、詳しい履歴はわからない。さてこの店は開店直後からはやったらしく、一六六三年から六八年にかけて、例のサミュエル・ピープスがいろいろな記録を日記に残している。そのひとつに次のようなものがある。

今晩コヴェント・ガーデンで、妻を迎えに行く途中、あの有名なコーヒー・ハウスに立ち寄った。これまで行ったことがなかったのだが、（ケンブリッジで知っていた）詩人のドライデンと、市中のウィットたちが皆集まっており、役者のハリス、ケンブリッジのフール氏もいた。時間があれば、あるいは他の場合だったら、話に加わったのだが。というのもなかなか機知に富んだ面白そうな話だったからだ。しかしぐずぐずしてもいられず、また時間も遅かった。一同もちょうど帰るところだったのだ。

（『サミュエル・ピープスの日記』）

ここにあげられている店がウィルであったことは間違いない。文中ハリスとあるのは、ヘンリー・ハリス（一六三四―一七〇四）という男で役者であり、またフール氏というのはウィリアム・フールという歴史家で、一六五二年からケンブリッジのモードリン・カレッジのフェローであった。またドライデンとピープスはケンブリッジ、トリニティ・カレッジの同窓であった。

ピープスの文章からわかるとおり、一六六三、六四年頃にはドライデンを中心としたサークルがこのウィルを根城にして議論を交わしていたのであろう。いい換えれば、当時のウィット（才人）たちのたまり場がウィルだったのである。しかし、そうした事情に深く立ち入る前に、ウィルという店の歴史をいちおう辿っておくことにする。

ウィルの歴史

まず一六七八年から七九年にかけてウィルは、いわゆる「カトリック陰謀事件」に関係のある店として当局の注目を浴びている。具体的には一六七八年の十月にプリムローズで発見された治安判事エドマンド・ゴドフリー（一六二一―一六七八）の死体に関連して、ウィルの経営者アーウィンが調べられているのだ。

同じようなことは、一六八三年にも起こっている。一方、一六七九年の十二月十九日の『ロンドン・ガゼット』では、前日の晩、ウィルから帰宅する途中のドライデンがギャングに襲われたことが報じられている。ケガは幸い大したことがなかったが、とらえられたギャングが白状したところによると、この襲撃を頼んだのはロチェスター伯（一六四七—一六八〇）だった。その理由は、自分を批判する文章を書いたのがドライデンだと考えたロチェスターが、ギャングを雇ったのだというのである。

ロチェスターというのは、王政復古期の文壇にかなりの地位を占めた男で、その書いたものはエロティックな要素が強く、また私生活の乱れなどもあって一時世間からはずいぶん批判された男であった。しかしその才能については同時代の文人にもかなり評価されており、また近年、彼の作品を再評価しようという動きがあって、作品集や研究書が出版されている。伝記作者オーブリーは、若くして死んだロチェスターを悼んで次のような文章を残している。

彼はオクスフォードのウォダム・カレッジの出身で、フランスに遊んだこともあると考えられる。十八歳の頃、莫大な財産付きのマレット家の跡取娘〈エリザベス〉を誘拐して、後に夫人とした。その咎によりロンドン塔に捕えられていた彼に、一六六二年の頃、会ったように覚えている。青年の客気に溢れ、莫大な財産にも恵まれたので、往々にして埒を越えた行動に出た。しかし田舎では概して行ないを慎んだ。……伯はあらゆる種類の本を読んだ。才能を見分けるに秀でていたアンドルー・マーヴェル氏は、彼こそはイギリスが生んだ最高の諷刺家でこの道の正統を伝えている、と語っていたものである。死が彼をあまりに早く奪ってしまったのは惜しいことであった。死の病の床で、彼は深く悔悟し、懺悔の手紙をバーネット博士に送ったが、その手紙はいま上梓されている。彼は、召使いを全部、豚飼の子供に至るまで呼び集めて、悔悟の詩を読んで聞かせた。一六八〇年七月二十六日、ウッドストックの御料林で死んだ。月の改まった八月九日、同じ州内にあるスピルズベリーに埋葬された。

彼の夭折はプロペルティウスの詩句を思い出させる——

咲キソメシ薔薇ノ手折ラルルニモ似テ、君、人生ノ春ニ忽然トシテ逝ケリ。

（『名士小伝』）

ところで一六八〇年代はこの店の最盛期で、いつも客で一杯だった。歴史家マコーレー（一八〇〇—一八五九）はこの頃のウィルの様子を次のように描写している。

「この店はタバコの煙でいっぱいで、さながら番小屋のようであった。ウィルほどタバコがよく吸われる店もあるまい。この有名な店はコヴェント・ガーデンとボウ通り《ストリート》の間にあり……これほど様々の人がいる場所もないだろう」。

コヴェント・ガーデンといえば劇場で有名な場所であり、芝居がはねた後でウィルに立ち寄るということもしばしば行なわれたのだろう。その意味では地理的に絶好の場所にあったといえるのである。もちろんドライデンという当代切っての文人とその取り巻きが集まる場所として名を売っていたことも事実であろう。

そのドライデンに関して一六八八年に、重要な議論がウィルで行なわれたという記録が残っている。前に述べたようにこの頃ドライデンはイギリス国教会からローマ・カトリック教会への改宗を公にしたのだが、それをめぐってさまざまの議論が交わされた。ウィルでも同様のことが行なわれているのである。「しかし、午後三時頃にウィルへ行けば、プライヴェート・ルームに入られて、お茶を飲みながら、この重要な問題〔ドライデンの改宗〕を極めて静かに議論することになろう」。

ウィルの変貌

一六九〇年代から一七〇〇年代に至る期間も、ウィルはウィットたちのたまり場としての位置を保っていたと思われるが、一七〇〇年にドライデンが死亡すると、往時の賑わいも徐々に失われていったらしい。

それでも一七一〇年前後までは、まだまだ集まる文人たちも多く、『スペクテイター』『タトラー』などの雑誌にもたびたび名前が出てくる。この頃アレグザンダー・ポープや、劇作家のウィリアム・ウィッチャリー（一六四〇？―一七一六）などが頻繁に店を訪れている。ポープの場合、ドライデンがまだ存命中この店を訪れ、尊敬する大詩人の姿をみて胸打ち震える思いであったらしい。それ以来、この店の常連として大きな位置を占めようと目論んでいたのだろうが、生来の皮肉で屈折した性格のためか、必ずしも取り巻きは多くなかったようだ。

そして一七一二年から一三年にかけてバトン・コーヒー・ハウスがアディソンの肝煎りでつくられると、ウィルは「ウィットたちのコーヒー・ハウス」としての性格をバトンに譲って、急速にさびれてゆく。一七二二年には一階の部分が本屋に売却されてしまう。さらにウィットたちが姿をみせなくなったのと相呼応して、賭博やカードゲームに打ち興じる人々の姿が目立つようになるのである。

その後も店は続けられ、一説では一七四九年に閉店したともいわれるが、これは確かではないようだ。しかしともかく一七二〇年頃を区切りとして、ウィルの実質的な生命は終わってしまったといえるのである。

このようにドライデンの死を契機として文学的な香りを失っていたウィルではあったが、少なくとも十七世紀末のイギリス文学にとっては忘れることのできない足跡を残したコーヒー・ハウスであった。スティールは『タトラー』の中で、往時のウィルを懐古しながら、その変貌ぶりを次のように伝えている。

ウィル・コーヒー・ハウス
四月八日〔一七〇九〕

ドライデン氏が足繁く通っていた頃と比べると、この店も随分変わってしまった。かつてはさまざまの歌やエピグラム、諷刺詩が会う人ことごとくの手にあるのがみられたのに、今はトランプばかりである。批評家が詩の言葉遣いやスタイルの優雅さなどを論じていたのに、今は教養ある人間がトランプゲームがイカサマかどうかで口角泡を飛ばす始末だ。

スティールが前半で述べているように、ウィルにはドライデンを中心にした文学サークルがあり、その中で詩人、劇作家を夢見る多くの人間がその習作に対して遠慮のない批評を浴びせられながら、自己の才能を磨いていったのであろう。

今日のように詩が、あるいは文学全般が作者の個室、書斎において構想され、やがて活字化されて発表をみるという、ある意味ではきわめて孤独な作業である時代とは異なり、十七世紀末においては詩作、劇作は公的な色彩をまだ色濃く持っていた。たとえばある人間が詩を書くと、ウィルなどへその原稿を持ってきて友人の文学者、詩人たちの前で読み上げる。それに対しては賞賛の言葉とともに批評も浴びせかけられ、韻律の不備や表現の陳腐さなどが指摘される。細かい技巧のみならず、ときには全体の内容についてさまざまの議論が飛び交うといった姿が想像されるのである。あるいは当時巷で大きな話題となっている事件、ゴシップなどを扱った諷刺詩、諧謔詩が朗読されて満座の笑いを誘うといった光景もあったのではないか。

そのような環境の中では、一方にその才能を認められて世間の注目を浴びてゆく幸福な詩人も生まれると同時に、自分の誇りにしていた才能がみるも無惨に打ち砕かれてペンを捨てる人間、自信作を手ひどく批評されたために遺恨を感ずる男、才能がありながら時代の趣味に合わなかったために忘れ去られた若い詩人、コーヒー・ハウスの文学サークルの雰囲気に染まることができず、正当な評価を受けなかった劇作家など、さまざまな存在がみられたのではないだろうか。たとえば、「君は詩人には向いていない」とドライデンから評されたといわれるスウィフトは、こんな文章を残している。

これまで耳にした中でも最低の会話は、ウィル・コーヒー・ハウスでのものだった。ここにはウィットと呼ばれる連中がかってよく集まっていたのである。つまり、芝居を書いたとか、あるいは芝居の前口上を書いたとか、ある詩集に詩が採録されたというような人間が五、六人やってきては、自分たちの取るにも足らぬ作品について、大層真剣な表情で、まるでその作品が人間の残した最も高貴な成果か、あるいは王国の運命がすべてその作品にかかっているかのように、話し合っているわけだ。たいてい、こうした連中のそばには、法学院の若い学生や大学生がいて、彼らはその御託宣を拝聴している。そして帰宅する学生たちの頭の中には、法律や哲学への軽蔑がうず巻いて、上品だとか、批評だとか、純文学などというつまらぬものでいっぱいになっている。

（『会話論』）

スウィフトは、ここで直接ドライデン自身の名前はあげてないが、しかし頭の中にはウィルの暖炉のそばにいつも決まって席を占めてサークルをリードするドライデンの姿が浮かんでいたのではあるまいか。

ドライデン自身の名前がはっきりあげられて批判された場合ももちろんあった。前にも述べたように、ケンブリッジ卒業後ロンドンに出て、初めはクロムウェル賛美の詩を書き、王政復古後はチャールズ二世を讃える詩を書くという、やや風見鶏的な態度を示したドライデンは、一六六〇年代に劇場が再開されると、生活のために劇作に手を染める。ウィルの近くにあった王立劇場を本拠地にしていた劇作家兼マネージャーのトーマス・キリグルー（一六一二―一六八三）と近づきになり、やがて喜劇を求めていた時代の要請に合わせてみずからも喜劇を書くのだが、だいたいドライデンはその方面には才能がなかったらしく、失敗に終わる。第二作などはピープスに「これまでみた芝居の中で最低」とまで書かれる始末だった。

その後も手を変え品を変えて喜劇を書くが、やがてこれに見切りをつけ、悲劇に方向転換をする。これはなかなか賢明な判断で、それなりの成功をおさめたようだ。しかし、ともかくいろいろなものに次々と手を出すので、それが同時代の文人たちには節操のない男とみえたのであろうか、ドライデンの書いた悲劇がパロディ化されて諷刺されたりもした。さらに強い批判は彼の書くものには盗作の疑いがあると指摘された点である。

バッキンガム公（一六二八—一六八七）という劇作家の『舞台稽古』に出てくる登場人物のひとりが、ドライデン自身の口から聞いた言葉として、「自分はウィットの集まるコーヒー・ハウスなどによく行くが、これは他人の作品を盗む術を学ぶためだ」というせりふをしゃべるのである。ドライデン自身がこうした批判にどう答えたかはわからないが、確かに彼の作品には古今東西、さまざまの作品から受けた影響が強くみられることは事実である。『すべて恋のために』という劇は、シェイクスピアの『アントニーとクレオパトラ』の焼き直しという面も確かにある。しかし、十七世紀末から十八世紀の作家にとっては、文学とはまず第一にすぐれた古典の模倣に始まり、個人の独創に重きを置かないという考え方が大きな位置を占めていたことを考えれば、盗作、模倣の区別は微妙にならざるを得ないのである。これはこの時代の文学を検討するうえでは非常に重要なポイントだが、今はそれを深く検討している余裕はない。

ともかく、こうしたバッキンガム公の諷刺があったのだが、同じようなことが一六八二年に傑作『マック・フレクノー』を書いた直後にも起こっている。『アブサロムとアキトフェル』『メダル』などの作品を契機として起こったウィットたちの論争の過程で、自己の生涯のさまざまの失敗、不行跡などを口をきわめて攻撃した劇作家トマス・シャドウェル（一六四二―一六九二）を馬鹿の見本に仕立てて諷刺した『マック・フレクノー』は、後のポープの『ダンシアッド』にもつながる詩であるが、ドライデン自身この作品を自己の傑作と考えていた。それがあるとき、まだ十七歳という若さのフランシス・ロッキアーなる人物がウィルを訪れ、次のような会話が行なわれたらしい。

……二度目にウィルを訪れたとき、ドライデン氏がいつものように自分のこと、とくに最近出版された自分の作品について話をしていた。「自分の書いたもので良い作品があるとすれば」とドライデン氏がいう。「それは『マック・フレクノー』だ。他の作品よりもとくにこれを高く評価しているのは、英雄詩体で書かれた最初の諷刺詩だからである」。私（ロッキアー）は勇気を奮ってこういった。「いい詩だとは思いますけれど、これまでにも英雄詩体のものはありますよ」。この言葉に対して氏はきつい顔をして私を見ると、こう質問した。「いったい君はどのくらい詩で飯を食べてるのかね」。私はいく人かの作家の名をあげて、『マック・フレクノー』が借用している詩行を二、三指摘した。すると氏はこう答えたのである。「確かにそうだ。忘れていたよ」。

（スペンス『逸話集』）

このときのロッキアーの得意たるや大変なものであったろう。ドライデンはしかしこのロッキアーの指摘を温かく受け入れて、その後も親しく交際を続けたとのことである。

以上、いくつかドライデンに関わるエピソードを中心にしてウィルの状況を説明してきたが、すでに何度も述べたように、ドライデンという中心人物が死去した後のウィルには往時の生彩がなくなっていったのである。そしてこのウィルに代わって十八世紀前半の文学者たちと大きな関わりをもつようになった店が、一七一二年頃に開店された。

バトン開店

バトン・コーヒー・ハウスは、ウィルと同じくコヴェント・ガーデンのラッセル通り《ストリート》につくられた。開いたのはダニエル・バトンという男で、詳しい経歴はわからないが、それまでにウォリック伯夫人の召使いをしていた時期もあるらしい。そしてこのウォリック伯夫人（未亡人）は一七一六年にアディソンと結婚をしている。しかもこの店を開くにあたってはアディソンの力が大きく働いたらしく、バトンを経営者に据えたのもアディソンで、店が営業を始めるとアディソンはそれまで根城にしていたトム・コーヒー・ハウスの取り巻き連中を引き連れてバトンに通うようになったといわれる。一七一三年には店に「ライオンの頭のかたちをした投書箱」が置かれて有名になる。スティールはこれについて次のようにいっている。

さて皆様にお知らせがある。二週間ほど前にお知らせしたライオンの頭が、コヴェント・ガーデンのラッセル通り《ストリート》、バトン・コーヒー・ハウスに設けられた。いつでもその郵便箱の口が空いているので、情報を投函していただきたい。この箱はすばらしい細工で、あるすぐれた職人が古代エジプトのライオンをまねてデザインしたものであり、顔の部分はライオンと魔法使いの両方の顔をミックスしてつくられている。顔つきは強そうで、また彫も深い。ひげの部分などは見たものすべてが賞めるでき栄えだ。このライオンはコーヒー・ハウスの西側に置かれ、あごの下に手を置いて箱の上にのせており、口が飲み込んだものすべてをその箱の中にためておく。このライオンこそ、知識と行動、つまり頭と手との適切な表象なのである。

(『タトラー』)

このライオンの投書箱は、ここに書かれているように、巷の情報を集める目的でつくられたものであった。そしてバトンという店の名とともに有名なものだったのである。その後この箱は、シェイクスピアという名の酒場に移されたり、ベッドフォード・コーヒー・ハウスに置かれたり、さらにはチャールズ・リチャードソンという男の手に渡ってその経営するホテルに置かれたりして、現在はウォバーン修道院の一室に置かれているそうだ。

ところでバトンという店は、開店のいきさつからも想像できるようにアディソン、スティールらの文学者たちと縁の深い店であった。したがって当時の『スペクテイター』『タトラー』、さらには『ガーディアン』などの雑誌にたびたび名前が出ており、十八世紀前半のウィットたちのたまり場であった。ポープはその様子を次のように述べている。

アディソンは毎朝勉強すると、バトンで自分の仲間に会い、食事をして五、六時間は居座っていたし、時には夜に及ぶこともあった。私も一年ほどその仲間に入っていたが、あまり大変なもので、身体も悪くなったから、行くのをやめてしまった。……しばらくアディソンとの仲が冷えたこともあって、バトン以外では会わないということも続いた。しかしバトンではほとんど毎日顔を合わせていた。
しかしウィルと同様、一七一九年にアディソンが死亡し、スティールもウェールズへ引っ込んでしまうと、バトンの様子も変わっていったらしい。泥棒やスリの類が横行し始めて、文学的雰囲気が失われていったのも同様であった。一方、経営者のダニエル・バトンであるが、一七二六年頃に、ストランドの有名なコーヒー・紅茶商トマス・トワイニング（トワイニング紅茶で有名な男）の帳簿に名前が載っている。さらに一七三一年の十月五日の『デイリー・アドバタイザー』紙には、次のような記事が出た。

日曜日の朝、バトン氏は三日間にわたる病から回復せず亡くなった。かつてはコヴェント・ガーデンのラッセル通り《ストリート》でバトン・コーヒー・ハウスを経営していた人間である。この店はウィットたちの集まる場所として有名で、ライオンの頭から名高い『タトラー』、『スペクテイター』が次々と生まれた。これらの雑誌は故アディソン氏、スペクテイター卿の手になるもので、その仕事の故にふたりの名前は後世にまで伝えられることであろう。

この記事からは、バトンがすでに経営者ではなくなっていたことがわかる。しかしその間の事情は不明な部分が多く、はっきりしたことはわからない。ともかくバトン・コーヒー・ハウスは十八世紀中頃には店を閉じたようである。そうしてみるとわずか四〇年、さらに全盛期だけを取り上げれば一〇年間ほど栄えたコーヒー・ハウスだったといえよう。

ジャーナリズムとエッセイ

しかし短い期間ではあったがバトンが十八世紀前半のイギリスに占めた位置というのは、決して小さいものではなかった。ウィル・コーヒー・ハウスがドライデンという領袖を中心として十七世紀末のイギリス文学、とくに詩と劇の分野に与えた影響が大きかったとすれば、バトンはアディソンを中心として十八世紀前半のジャーナリズム、エッセイ文学の成立に大いに力を果たしたのである。

あるいはウィルを中心とした文学とバトンを中心とした文学を対比させて、いささか図式的ながら、次のように考える批評家もいる。すなわち、ドライデンの文学が扱い、また目標とした読者は、宮廷あるいはその近辺の限られた層であり、ギリシア・

ローマの古典文学、フランス古典主義などへの造詣も深い高級なウィットたちであったのに対し、アディソンを中心とした文学のめざすところは、一般大衆（といっても中流の階層以上だが）に文芸一般への知識、健全な判断力を与えること、つまりひと言でいえば啓蒙に主眼があったのである。

ここで具体的な例をあげて説明すれば、次のようにいえるかもしれない。私事にわたって恐縮だが、先年イギリス留学の機会を与えられた際、指導教授としてさまざまの面にわたってアドヴァイスしてくださったのが、現代の十八世紀文学研究家の中でも最も活躍しているひとり、パット・ロジャーズ氏であった。あるとき雑談の際に、十八世紀英文学を研究する際にこれだけは必ず読んでおかなければならない作品は何でしょうという、いささか馬鹿げた初歩的な質問をしたことがある。すると先生は苦笑しながらも即座に、ドライデンの詩と批評、デフォーの小説、アディソンのエッセイ、ジョンソンの批評と答えられた。

そしてさらに言葉を足して、スウィフト、ポープが抜けているとか、フィールディング、サミュエル・リチャードソン（一六八九—一七六一）の小説が入ってないとか思うかもしれないが、最も基本的なもの、つまり十八世紀のイギリスという時代の精神の変遷を知るには、先にあげた四つが避けて通れぬものだと断言された。この後いろいろとその理由などについて長い説明をしていただいたのだが、今それを要約するならば次のようにいえると思う。

まず第一にドライデンの詩は、ギリシア・ローマの古典文学以来、連綿と続いてきたさまざまの文学ジャンルとテーマをほとんどすべて網羅していると同時に、ポープの書いた諷刺詩、諧謔詩などのモデルともなっている。旧来の用語を使うならば、いわゆる古典主義の詩の形式、内容の基本がすべてドライデンの詩の中に表われている。しかしこのドライデンからポープへとつながる詩の系譜は、やがて十八世紀後半のロマン主義の波を受けて、否定されたり、大きな変化を加えられてゆく。それはひと言でいうならば、ギリシア・ローマの古典文学の模倣を中心とした文学の最後の瞬きであった。そしてドライデンの批評は、この古典主義の文学観を集大成したものだったのである。

一方、デフォーの小説とアディソンのエッセイとは、こうしたドライデン、ポープの守旧派に対し、新しい文学の潮流を示すものであった。まずデフォーの『ロビンソン・クルーソー』『モル・フランダーズ』などの散文による虚構作品は、近代小説の発生をもたらす重要な要因となった。詩と劇こそが文学の主流であるという見解が決して消滅したわけでもなく、またデフォーのこれらの作品には十七世紀までの散文による虚構作品、つまり「ロマンス」のもっていた荒唐無稽な筋立てという要素が解消されていなかったとしても、英雄ではなく一般の人間が主人公として登場し、同時代の社会風俗を描く中で、それなりの首尾一貫性と緊密な構成がなされている点に、後のリチャードソン、フィールディングらの小説へと連なる流れが見出せる。その意味で非常に重要な位置を占める作品だといえるわけである。

それではアディソンのエッセイはどのような意味をもっているのだろうか。この点については、ジョンソンが『アディソン伝』の中で次のように書いている（例によって漱石の見事な訳があるので、引用させてもらう）。

ちょっとした礼儀だの細かい作法だのを教えたり、日常の説話法を改良したり、罪悪ではあるまいが、見にくいと思われる陋習《ろうしゅう》を矯《た》めたり、または永久の 災《わざわい》とならないまでも時々刻々に不快を感ぜしむる弊害を除いたり、——こういう方面の著述は、カサの礼法書と、カスチリオネの『コーチア』とが嚆矢《こうし》のように思われる。両書とも優雅高潔の趣を具《そな》えているので、以太利《イタリア》では今なお盛んに行われている。尤も昔しのように読み手が多くないかも知れないが、それは著者の思わく通り改革の目的を達したからの事で、書中の教訓が不用に属したためと見れば宜《よ》い。出版当時これらの著述の有益であった事は、全欧の人が争って、これを翻訳しようと力《つと》めたのでも充分に分る。

この種類の教訓を持続しまた進前せしめたものは仏人である。就中《なかんずく》ラ・ブリュイエルの『今代の礼法』が最も効力があった。ボアローはこの書を評して、滅裂だと称したが、叙述に活気ある点において、観察の正鵠《せいこく》を得たる点において、充分賞賛の価値がある。

英国にあっては、脚本家を除くの外、通俗生活に筆を著けたものがない。これあるは『タトラー』と『スペクテーター』から始まるといって宜《よろ》しい。無愛想も過ぎれば野蛮になる。丁寧もむやみだと無《ぶ》しつけに陥る。こういう欠点を矯正しようとした作家はまだ一人もなかった。その他何時口を利《き》いて宜いか、また何時差控えべきものか、断《こと》わるにはどうして断わるもの、応ずるには、どうして応ずるものか、『タトラー』と『スペクテーター』が出るまでは誰も教えてくれ手がなかった。重大な倫理問題に関して義務の意義を説いたものはある。哲学、政治の大争論に断案を下したものはある。けれども日常談話の道程を測量して、通行人を傷つけないまでも、往来の煩《わずら》いになる茨《いばら》、とげの類を取り除こうとした趣味の主宰者、礼法の判決者はこれより以前にまだ出た事がなかったのである。

（『文学評論』）

漱石はこのジョンソンの言葉を評して、これ以上何も付け加えるべきものはないといっている。確かにアディソン、スティールらの活躍した『スペクテイター』『タトラー』『ガーディアン』などの雑誌が持っている意味、その十八世紀における役割などをみごとに指摘した批評だといえよう。つまりアディソン、スティールらのエッセイは、ドライデン、ポープらのいわゆる高級な文学ではなく、一般常識人、あるいは十七世紀末から社会の前面に徐々に姿を現わし、やがて近代イギリスの社会をリードしてゆくブルジョワジーの精神に訴えると同時に、そうした人々の考え方を体現、代弁したものだったのである。

したがってアディソンらのエッセイに扱われているテーマ、題材などは、当時の日常生活に根ざしたものが多く、あえて限定すれば十八世紀ロンドンの都会人の心性が明瞭にみてとれるのである。しかもその文章は、平明で気取りがなく、模範的な散文である。さらにサー・ロジャー・ド・カヴァレー、ウィル・ハニーカムらを初めとして何人かの虚構人物が『スペクテイター』には登場するが、これによって性格描写が可能になり、小説と同じような効果がもたらされる点は重要であろう。

つまり『スペクテイター』という雑誌は、各号がそれぞれ独立したエッセイ、記事という特徴を一方にもちながら、そうした各号を積み重ねて全体としてながめると、サー・ロジャーを初めとする数人の登場人物が所々に顔をみせて、一編の物語をかたちづくってゆくという面があるわけだ。その意味でデフォーの作品同様、イギリス近代小説の発生に大きな力を果たしたといえるのである。

またアディソンのエッセイの中には、決して高等な批評ではないにしても、十八世紀の文学、芸術を考える際に重要な拠り所となるようなポイントを論じた、いわゆる批評エッセイも含まれている点をも、併せて指摘しておかなければならない。

最後にサミュエル・ジョンソンが十八世紀文学を考えるうえで欠かすことのできない存在だという点が残っているが、これについては今さら取り立てて指摘すべきこともないといえるかもしれない。しかしあえて最も重要なポイントを述べるとすれば、ジョンソンという人間の存在そのものと彼の残した文芸批評というふたつの面を分けて考えるべきだということである。

すなわち前者は、とくにあの記録狂ともいうべきボズウェルの手で書き残されたジョンソンの素顔、生活、言動が十八世紀イギリスの政治、社会、文学、同時代の文人などを考えるうえできわめて豊かな情報を生き生きと伝えてくれる点にある。一方後者は、『詩人伝』を中心とする批評、作家論が近代の文学研究に果たした大きさという面である。もちろんこれ以外にも、彼の手になる『英語辞書』の功績についても、大きな紙面をさくべきことはいうまでもない。

以上に述べてきたことを簡単に図式化するならば、ドライデンを取り上げることで十八世紀のいわゆる古典主義文学の主潮たる詩と批評理論をおさえ、デフォー、アディソンを取り上げることで、新たに起こりつつあった小説への道筋を確認し、ジョンソンによってこうしたふたつの流れを総括する、というふうに考えるのである。乱暴な議論は承知のうえだが、少なくともこの三つのポイントを押えることで十八世紀英文学の大きな流れがつかめることは確かであろう。

エヴリマンの文化

いささか回り道をしたが、こうした見方をとったうえで再びアディソン、スティールのエッセイに戻ってみると、ドライデンの場合とは相異なる面がみえてくる。それはウィルを中心とする文化とバトンを中心とする文化との違いといえるかもしれない。

すでにみたようにウィル・コーヒー・ハウスがもっていた雰囲気、いや少なくともドライデンが中心となっていた時期のウィルは、なによりも文学、芸術の批評が話題の中心をなしていた。もちろん、それだけが語られて他の話題がなかったというのではないが、それにしてもまず文学、それも詩と劇という最も崇高なジャンルについて論じることがウィルに集まる文士たちの好むところであった。

しかしバトン・コーヒー・ハウスを中心としたアディソン、スティールの世界は、一般市井の出来事が大きな位置を占めていたのであり、その意味ではすぐれてジャーナリスティックな話題が多く語られていた。そしてそうした雰囲気を最もよく伝える作品が『スペクテイター』を筆頭とする雑誌だったのである。ただもちろん、『スペクテイター』を中心とする雑誌の中に、哲学や文学などについての言及がないというのではなく、そうした話題を一部の知識人、教養人の専有物とせず、コーヒー・ハウスの喧噪の中に引き出して、一般の人々にもわかるレヴェルで論じようとした点に、バトン・コーヒー・ハウスを中心とする世界の特徴があったのである。

ある研究家の言葉を借りるならば、バトンとアディソンのエッセイの両者に共通してみられる特徴は、「エヴリマン」のための文化をめざしていたことにあるというのである。しかしそうした特質を担ったバトン・コーヒー・ハウスも、前に述べたようにその繁栄した期間はわずかに一〇年間であった。

2 「ベッドフォード」の文学

ベッドフォード・コーヒー・ハウス

ところでこのバトンが短い繁栄の期間を終えた頃、新しいコーヒー・ハウスの名前が脚光を浴びるようになった。すなわちベッドフォード・コーヒー・ハウスである。

この名前は、バトンに置かれていたライオンの投書箱が移された店としてすでに触れたことがある。場所はコヴェント・ガーデン劇場の入口近くであり、その意味でもウィル、バトンの系譜を継ぐものといえよう。いつ頃この店が開店したのかという点ははっきりしないが、同時代の記録などから判断すると、十八世紀に入ってからであることは間違いないようだ。また経営者の名前もわかっていないが、多くのコーヒー・ハウスが経営者の名にちなんで付けられていることからみて、ベッドフォードという男だった可能性はある。

さてこの店は、一七一九年にアディソンが死んでバトンがすたれるに従い、数多くの文人・学者たちで賑わい始める。たとえば一七五四年一月三十一日に第一号が出た『コナサー』という雑誌に次のような記事がみられるのである。

このコーヒー・ハウスには毎晩、各界の人士が数多く訪れる。そのほとんどが洗練された学者と才人《ウィット》だ。冗談と警句が席から席へと飛び交う。あらゆる文学が批評の対象となり、出版された作品、上演中の劇が検討されて、その価値を測られる。

一方、一七五一年頃に出版された『ベッドフォード・コーヒー・ハウスの思い出』という本の中には、この店を訪れた文人たちの名前があげられている。主だった人物をあげると、劇作家であると同時に俳優としても有名だったデイヴィッド・ギャリック、詩人のアレグザンダー・ポープ、ウィリアム・コリンズ（一七二一―一七五九）、小説家ヘンリー・フィールディング、劇作家リチャード・シェリダン（一七五一―一八一六）、十八世紀イギリスの政治家としては三指に入るロバート・ウォルポールの息子で、ゴシック小説で有名なホレス・ウォルポール（一七一七―一七九七）らの名がみえる。そして「ベッドフォード・コーヒー・ハウスはある期間、機知の市場、批評の場、趣味の基準として君臨していた」と書かれている。

ウィットの集まり

ところでベッドフォードを訪れた文人たちについてのエピソードもいくつか残っている。まずこの店の常連であったサミュエル・フット（一七二一―一七七七）という男を取り上げてみよう。

このフットは、一七二一年にコーンウォールに生まれ、オクスフォードに入学したが、たびたびカレッジを無断で抜け出したために学位を受けることができず、やがて一七四四年にヘイマーケット劇場においてオセロを演じて、役者としてのデビューを飾った。その後は役者、舞台監督、そして劇作家として活躍し、ボズウェルの『ジョンソン伝』にもその名前が登場するまでになる。とくにものまねが得意だったようで、ジョンソンはフットの機知のひらめきを賞賛している。みずから書いた喜劇は、同時代の社会を諷刺したものとして、絵画におけるホガースと似たような存在であったと述べる研究家もいるくらいで、今日ではあまり上演されないが、十八世紀ではかなりの人気を博したようである。家柄はかなり良かったのに、人間的にはいささか奇矯なところがある男だったらしく、また会話の才はとくにすぐれたものであったようだ。

ところでこのフットが、ある日ベッドフォード・コーヒー・ハウスに入ってきたところ、当時この店にたむろしていたゴシップ屋のひとり、バロウビイなる人物がその姿をみて、次のような記述を残したのである。

ある晩、なんとも突拍子もない格好の若者が入ってきた。緑と銀のレースがついたフロックを着て、バッグ型の鬘を着け、剣をさして、花束を持ち、ひだ飾りをしている。この若者がベッドフォードに入ると、奥で行なわれていた批評サークルにすぐに加わった。誰もこの男を知らなかったが、物腰が自然で、ユーモア豊かな指摘をするので、すぐに一座の会話をさらってしまい、愉快な気分になると、「誰だい、あの人は」という声が部屋の中に起こった。ところが誰も知らない。すると立派な馬車が戸口にとまった。若者が立ち上がって部屋を出ると、召使いたちが「あの方はフットさんというお方で、家柄、財産もよく、イナー・テンプル法学院の学生さんです。馬車に乗ってこれから、さる貴婦人の集まりへいらっしゃるのです」というのだった。

（スペンス『逸話集』）

これはフットが三十歳の頃に初めてロンドンへ出てきた頃のエピソードらしい。後年になって彼は、この当時のロンドンを回顧して「当時のロンドンは多くの面で利点

科学実験

があったが、今ではそれも失われてしまった。あの頃は、たくさんのコーヒー・ハウスがあって、市のウィットたちが集まっていた」と書いている。

科学実験とコーヒー・ハウス

ところでベッドフォード・コーヒー・ハウスが開店して間もない頃、客の耳目を大いにひきつける出来事が行なわれたことがあった。ジョン・デザグリエルス（一六八三―一七四四）という科学者が科学実験を客の前で行なってみせていたのである。このデザグリエルスは、一六八三年にフランスのラ・ロシェルに生まれたが、幼い頃に父とともにロンドンへ渡り、オクスフォードのクライスト・チャーチで学士号を取った。そして一七一〇年にはハート・ホールの科学の講師となり、光学や力学の講義を行なうようになる。一七一四年には王立協会の会員に選ばれ、会長のニュートンからも大いに尊敬された。一七一七年にはジョージ一世の前で講義を行なったりしてさらに名を高めた。またプラネタリウムを発明したり、下院に換気装置を付けたり、また蒸気を使った醸造装置の発明でも知られる。

さてこのデザグリエルスは、一般の大衆の前で学術的な講演を行なった最初の人物として有名なのだが、一七二〇年代から三〇年代にかけて、ロンドンの自宅には、彼の講演と実験とを見聞するために多くの人が訪れたらしい。一七三〇年頃にはオランダにおいても講演を何度か行なったらしく、また一七四一年には、いくつかの実験を成功させた功績により、王立協会から金メダルを与えられている。このデザグリエルスが、一七三八年から三九年にかけてロンドン・ブリッジの建築によって、自宅を取り壊される羽目に陥った。講演や実験に使っていた場所を失った彼は、ベッドフォード・コーヒー・ハウスに本拠を移し、再び講義を続けたのだが、これが大変な評判を呼び、一七四四年に死去するまでこの店の名物だったといわれる。

珍品コレクション

デザグリエルスは正真正銘の科学者で、その講義、実験なども確かなものだったらしいが、一方、十七世紀末から十八世紀にかけては王立協会の設立の影響で、自然科学への興味が徐々に増したために、学者気取りで、訳のわからぬ実験をしたり、珍奇な物をみせて客を魅きつける人間が多く現われ、こうした連中がコーヒー・ハウスによく出入りしたらしい。ベッドフォード・コーヒー・ハウスとはやや外れるが、ここでそうした連中とコーヒー・ハウスとの関わりをみておこう。

たとえば十八世紀初めにウィリアム・オリヴァーという学者が、王立協会に次のような報告をした。すなわちコペンハーゲンの王立博物館には「天然の珍品」が多くあり、その中には「角の付いたうさぎの頭」「木から成長した雄鹿の角」「人間の女が生んだ卵」などがあると述べている。とくに最後の卵は、本物だということが確認されており、この女性は一対の卵を生んだのだが、そのうちひとつは壊れてしまったと述べ、形は普通の鶏の卵とそっくりだったらしいと伝えている。この話が王立協会でどう受け止められたかはわからないが、一方にニュートン、デザグリエルスのような学者がいるかと思えば、他方にはこのオリヴァーのように妙な記録を残すものもあって、近代の科学研究が初期の段階にあった頃の雰囲気が伝わってくる。

ところが当時の資料をみていると、こうした珍品類がコーヒー・ハウスにも置かれて、客の注目を浴びていたらしい。たとえばそうした珍品を展示して、まるで博物館のような様相を呈していたのがドン・サルテロ・コーヒー・ハウスである。チェルシーにあった店で、一六九〇年代に開かれたものらしい。経営者はジェームズ・サルターという男で、一時期ハンス・スローンという貴族の召使いをしていた。このサルターは、初めはコーヒー・ハウスと床屋とをミックスしたような店をつくって、客のひげをそったり、虫歯を抜くようなこともやって繁盛していたらしい。そこへもとの主人であったスローンが別に頼まれもしないのに、珍品のコレクションを寄贈し、これを店に展示したところ、名物になったのである。

スティール（サルターをドン・サルテロとスペイン風に呼び変えたのはスティールといわれる）はこの店の様子を『タトラー』で次のように描いている。

身体が弱いので、新鮮な空気を吸うため一、二マイル遠出をすることがよくある。先日もそんなわけでチェルシーのあたりまで出かけたのだが、世の中の様子を知るには出かけることが必要だと、改めて確信したのである。というのも、若い船乗りによくありがちなことは、ある土地へ上陸するとすぐに、その土地の人々や様子、政体、人々の好みや感情などを説明するという傾向だが、この私もチェルシーの様子について、どこに泥棒が待ち伏せしているとか、文人たちの集まるコーヒー・ハウスやらについてすぐにも説明できると思っていた。母方の遠い先祖にあたるオヴァードという判事（この人の経歴についてはベン・ジョンソンが書いている）は、身分を隠して歩くと、自分で調べ上げたことよりずっとたくさん、世の中には悪行が多いことがわかるといっていた。そして見ず知らずだった有名人に会ってみると、しゃくの種になることも多かったそうだ。というわけで、チェルシーみたいに近い所でも、私には役立つことがあった。さてコーヒー・ハウス〔ドン・サルテロ・コーヒー・ハウス〕に入ると、集まっている人々にあいさつする暇もなく、私の目は部屋中天井にまである何千という品物にひきつけられた。最初の驚きが収まると、やせた貧相な顔立ちの、思慮深げな男がやってきた。その姿を見て私は、読書か、あるいは苦悩のためにこんな哲学的な顔になったのかと思ったが、すぐにこれは古人のいうところの「ジンギヴィスティ」、つまり歯医者だとわかったのである。そこで即座にこの男に対する敬意が浮かんだのだが、それはこの手の実際的な哲学者がきわめて実地に即した仮説のもとに、痛んでいる部分を直すのではなく、取り去ってしまうからだ。人間というものを私は愛しているためだろうか、このサルター氏に対して私は好感を抱いたのである。いい忘れたが、サルター氏というのがこの有名な床屋兼古物商の名前である。……サルター氏は麦わら帽を見せてくださるが、これはベッドフォードから三マイルの、マッジ・ペスカドによってつくられたものであろう。これを見せながら氏はこうおっしゃる。「これはピラトの妻の侍女の妹の帽子です」……この帽子について私の知るところを記せば、麦わらのカバーなどはユダヤ人の間で使われたことはないので――というのもユダヤ人は麦わらなどなしで煉瓦をつくらなければならなかったからである――サルター氏の所蔵になる珍品には、他にも嘘くさいものがある。まずガラス・ケース入りの陶製の女性像、イタリア製の人間収監機。この二つの品を私は棚からここへ下ろしてくれといった。さもないとパンチをつくる特許状を反古にするか、今度の冬にはマフラーを首に巻けないようになるか、妻を伴わずにロンドンに来ることができなくなるぞとおどしてやったのである。

最後の部分には若干注釈がいるかもしれない。サルターは冬になると、マフラーをして道を歩くのが習慣であり、これがまた遠くからでも目立つので、一種の宣伝の役割を果たしていたのである。また彼の妻は口やかましい女であったため、酒好きのサルターはロンドンへ来ると、家に帰るのをできるだけ遅らせていたのであった。

それはともかくこのサルターのコーヒー・ハウスには他にも「虎の牙」「てんじくねずみの骨」「教皇御使用のろうそく」「モロッコ王のパイプ」「エリザベス女王の祈禱書」「修道女のストッキング」「木にはえたヨブの耳」などの珍品があって、多くの人々を集めていたらしい。そしてこのサルターの店の繁盛に影響を受けて、他の店でも「サー・ウォルター・ローリーのパイプ」「魚の腹に生えた歯」「イサクとヤコブの髪をすいたアブラハムの櫛」「エデンの園の扉の鍵」などを置いたりしたそうである。

ベッドフォードの変貌

さて再びベッドフォード・コーヒー・ハウスに話を戻そう。前に述べたように一七三〇年代から五〇年代にかけて文人たちが数多く訪れたのであるが、これを過ぎるとこの店も徐々に活気を失い、七〇年代にはそうした格調の高さが失われて、泥棒たちが数多く出入りするようになった。この店をよく訪れたジョン・フィールディング（一七二一―一七八〇。小説家ヘンリー・フィールディングの異母弟で治安判事であった）は一七七六年に次のような文章を残している。

初めての人や外国人にはロンドンのコーヒー・ハウスへ行くことをとくに勧める。このコーヒー・ハウスというのは、ロンドン中いたる所に数多くあり、そこでは人々のさまざまな性格や住民一般の正しい観察を得ることができる。一般人の憩いの場所としては、最も危険の少ないものだが、なかには油断のならぬ連中がいる所もある。この手の連中は概して、そこそこの家系の出で、なにがしかの教育も受けており、おだやかな外見をしている。手持ちの金は惜しみなく使い、愛想笑いを精一杯ふりまき、自分がかつてはひっかかったやり方をまねて、金持ちで市街の事情にうとい人間を待ち構えているのだ。話に加わったり、人の言うことをほめそやしたり、おせっかいをやいたり、あるいは誰かが何か欲しいとか知りたいことがあるというと、その手助けをしてみせる。こうして連中は見ず知らずの人の仲間に入りこんで知己になるのだが、一方では金品を巻き上げる機会を虎視眈々とねらっているのである。ちょっとでもカードやさいころ、ビリヤード、ボーリングなどのゲームに興味を示せば、確実にそこに付け込むのだ。何といっても連中はこの手のゲームではイカサマにたけているのである。したがって、まったく見ず知らずの人間が、妙に愛想よくしたり、尊敬のまなざしで話に加わったり、協力を申し出て、あっという間に友だち面をしたりするときは、危険人物だと思って避けるにこしたことはない。こういった手管には、不注意な人がよくひっかかるものだからだ。

（『シティおよびウエストミンスター点描』）

しかしこうした風潮は、必ずしもベッドフォード・コーヒー・ハウスだけのものではなく、十八世紀前半の頃から程度の差こそあれ、どの店にもみられるようになったものであった。それはともかくベッドフォードも、十八世紀後半には往時の賑わいを失ってゆくが、記録によれば店そのものは十九世紀の中頃まで存在していたらしい。それにしてもウィル、バトン、ベッドフォードという、十七世紀末から十八世紀中頃に至るイギリス文壇、芸術界の名士に愛されてきた店の繁栄と衰退とは、この時代の文芸を成立させた背景として、やはり忘れてはならないものといえるであろう。ある意味で、この時代の文芸はコーヒー・ハウスという場を中心にして展開していたのである。

3　大衆文学のすすめ

『スペクテイター』の成功や小説の発達に伴って本や雑誌を読む階層が、上流階級のみに限られなくなると、コーヒー・ハウスが新たな役割をもち始める。すなわち中産階級の人々が読書をしたり、あるいは読書を通じての教育、啓蒙活動がコーヒー・ハウスという場において行なわれるようになるのである。

もともと、十七世紀後半から読書人口が増したといっても、その数には限度があった。まず本の値段という問題がある。今日のように新刊書が毎日洪水のように出版され、またよっぽど高価な専門書でない限りは誰もが本を買える時代とは異なり、十八世紀においては書物を買うということは大変なことであった。もちろん、貴族や上流階級、裕福な中産階級の中には、書物を買い集めて後世にまで残るコレクションを築いたものがないわけではなかった。しかし概して平均的な中産階級やそれ以下の階層の人間にとって、書物の値段は高いように思われたのである。

ヘンリー・フィールディング

十八世紀の後半に至るまでは書物の値段というのはあまり変化せず、四折本、二折本で一〇シリングから一二シリング、小説、随筆などの八折本では二シリングから三シリングというのが相場であった。

したがってヘンリー・フィールディングの『トム・ジョーンズ』のように六巻本で出版されたものは、それを全部一括して買うと一二シリングから一八シリングになる。これに対し一般の労働者の賃金は週に一〇シリングから二〇シリングぐらいであったので、こうした人々にとって書物を買うということは大変な覚悟が必要だったと思われる。

また、いくら字を読める階層が増したからといって、その数はまだまだ少ないものだったろうし、字が読める、書けるという人間の中には、せいぜい自分の名前が書けるくらいのレヴェルまで含めて計算することも行なわれていたのである。さらに字の読める人間が必ずしも今日傑作と呼ばれているような作品をもとのかたちで手に取って読んでいたとも限らない。

たとえば、十八世紀イギリス文学の中で、おそらく最も日本人によく知られている(といっても十八世紀に書かれた作品ということを知らない人はいるだろうが)作品、デフォーの『ロビンソン・クルーソー』を取り上げてみよう。この小説が一七一九年に出版されると一躍ベストセラーになり、二週間後には第二版、約一ヵ月後には第三版というように続々と版を重ね、一七五三年には第一〇版が出された。この間には『ロビンソン・クルーソー』の第二部も出版され、第一部ほどではないにしても売れ行き好調のようである。

ところで第一部が全体として十八世紀を通じてどのくらいの部数が売れたかについては、はっきりしたことはいえないが、ある研究によれば第一部の初版と二版とがそれぞれ一〇〇〇部ずつ、後の版はこれより少ない部数で出ているだろうとのことである。そして部数はともかく、十九世紀の終りに至るまでの間、さまざまの版を総計すると二〇〇、これにフランス語訳やドイツ語訳、あるいは翻案、模倣作品（たとえば『スイスのロビンソン』のようなもの）などを加えると、五〇〇くらいのものがヨーロッパ圏で出されており、ヨーロッパ以外の言語に翻訳されたものを加えれば大変な数になると推定されている。実際、エスキモー語訳などというのもあるらしい。日本でも明治以降、多くの翻訳や抄訳、翻案が出されている。

ただここで問題になるのは、十九世紀までに出された英語の『ロビンソン・クルーソー』の中には原作を大幅にカットしたものが数多く含まれている点である。こうした縮約版の中には次に触れる「チャップ・ブック」のように原作のおもしろそうなところ、劇的な部分のみを取り上げて、細かい心理描写や本筋に関係のない部分は大胆に捨ててしまうようなものから、『ロビンソン・クルーソー』三部作を一冊にまとめて半分くらいの分量にしたものなど、さまざまの種類があるが、それらすべてに共通する特徴は、できるだけ冗漫な部分をカットしてエッセンスのみを残し、また文章を易しくしたりして読者が読みやすいようにしてやるということであった。またそうなれば必然的に値段の方も安くなるのである。

このように改作した『ロビンソン・クルーソー』の数は相当の種類が大量に出回っていたと考えられ、中産階級の読者は主としてこの手の書物を読んでいた可能性が強いのである。

チャップ・ブックの普及

こうした中産階級、あるいはそれ以下の読者が実際に手に取って読む確率の高い本が、チャップ・ブックと呼ばれたものである。これはとくに十八世紀によく出回ったもので、紙表紙が付き、粗雑な紙で印刷された二〇ページ前後の小冊子風、大きさは現在の新書判くらいである。内容は多岐にわたるが、滑稽な小説や宗教的色彩の強いもの、また犯罪物語やロマンスなどの他、お伽噺、民間伝承、そして『ロビンソン・クルーソー』のような作品の改作などがある。

こうしたチャップ・ブックは、ロンドンなどでは書店で買ったりすることができたが、地方の小都市では定期的に回ってくる「チャップマン」と呼ばれる行商人から買うことが多かった。また値段は一ペニーから五、六ペンスの間とかなり安く、チャップマンの中には本来は日用品を売って歩くのが仕事で、そのついでにチャップ・ブックも売るとか、あるいはたくさんの品物を買ってくれた人にはチャップ・ブックを景品のようにして渡すとかいうこともあった。

さらに市《いち》がたつときなどは人出が多く、チャップ・ブックの売れ行きも良くなるので、そうした市のたつ日を書き入れたハンドブックをもって、町から町へ渡り歩くことも行なっていたらしい。そして字が読めてもむずかしい本を敬遠する人々や、地方にいてなかなか本が入手しにくい人々、また書物の値段が高すぎて買えない人々などは、こうしたチャップ・ブックを喜んで読んでいたのである。

貸本屋の普及

一方、十八世紀には貸本屋というのも繁盛して、一般の人々の読書を大いに助けている。もちろん十八世紀以前にも、貸本屋、あるいは本を貸すという形態が存在しないわけではなかったが、組織化された貸本屋が現われるのは十八世紀以降で、保養地として有名なバース、あるいはブリストル、エディンバラなどから始まって、やがて一七四〇年頃からロンドンにも普及し、世紀末には二六軒あったといわれる。

貸し出し形式は一年、あるいは三ヵ月の予約金(だいたい年に一五から二〇シリング)を払って本を借りる方法が多かった。また予約以外の貸し出しも行なわれており、こちらは一冊一週につき二ペンスというのが相場のようである。本の種類としては、ロマンスや、当時ようやく生まれ始めていた近代小説の類が多いが、他にも種々雑多な書物を備えていた。

ここで注意しなければならないことは、書物の種類という点である。十八世紀には貸本屋以外にも本を借りることのできる組織がいくつかあった。ひとつはブック・クラブで、一〇人から一五人くらいの会員が寄り集まって会費を出し合い、月に一、二回、購入すべき書物の選択を行なって、それらを回し読みする団体である。こうしたブック・クラブの大規模化したものは現在のアメリカでも大いに栄えており、新聞などによくその広告が載っているが、十八世紀のイギリスでもこの組織は大変な成功をみたようで、イギリス全土で一〇〇〇以上のクラブがあったといわれる。ただ会員は裕福な人間が多く、閉鎖的であった。また書物を共同で買う組織としては、ブック・クラブよりも会員数の多い(四〇〇人以上にのぼるものがある)ものもあった。

しかし総じてこれらの団体の購入書籍は、政治問題を扱った書物、パンフレット、旅行記等が多く、小説類はできるだけ排除されるのが常であった。そのような点からすれば、貸本屋が小説類を数多く置いて一般大衆に提供したことは、読者層の拡大にとって大きな意味をもつものといわなければならない。またこれによって女性読者の数が増加したことも重要な面として指摘しなければならないだろう。

コーヒー・ハウスと読書

さてこうした書物、読書、貸本といったものがコーヒー・ハウスとどのような関連をもっていたのか。

まずドライデンの頃、つまり十七世紀後半のコーヒー・ハウスの最盛期には、近刊書の予約や本の競売が店内で行なわれたり、また新刊書や古本、雑誌などをコーヒー・ハウスの中で買うことができた。一六九四年十二月二十一日に出た、ある週刊紙の広告には、ウォルソールという男が経営しているコーヒー・ハウスの中には「コーヒー・ルーム内に図書室がしつらえてあって、店に来る客の読書に供されている」というような記述がみられる。さらに時代をさかのぼって一六六八年には、オクスフォードにおいて、クリスマスの少し前の頃、クライスト・チャーチの人々がコーヒー・ハウスに図書室をしつらえ、ラブレーの作品や、さまざまの詩、劇を置いているという記録が残されている。

しかしながら、コーヒー・ハウスに書物が置かれ、一種の図書室のような役割を果たすという傾向が顕著になってくるのは、やはり十八世紀以後である。たとえば、すでにあげたオクスフォードのコーヒー・ハウスの状態について、十八世紀の文人トマス・ウォートン（一七二八―一七九〇）は、本を置いた店が数軒あり、活字離れを阻止するのに役立っていること、ギリシア、ラテン語が読めない学生にとって、英語の本ばかりのコーヒー・ハウスは大いに役立つことなどを指摘している。またたいして役に立たない本も多いが、全然読まないよりはなんにしろ読む方がましだとも述べている。また後にコーヒー・ハウスに置かれている本を調べたウォートンは、そのほとんどが不快なもので、フランスとの戦争を訴える政治パンフレット、へたな韻文の書き方を広めて前途ある若者を詩人に仕立てようとする詩、陰謀や馬鹿げた行為を勧める小説などが置かれていると批判している。とはいうもののコーヒー・ハウスの図書室そのものの存在は認めているのであって、「教訓と楽しみとが手を携えており、文字通り、学問がもはや無味乾燥なものとなっていないのである」と述べている。

一方、オクスフォードと並ぶ大学都市ケンブリッジについても記録が残されている。一七六三年の六月四日の『ケンブリッジ・クロニクル』に、ある商人が載せた次のような広告がある。「図書室がコーヒー・ルームにあり、今後こういうものが増えてゆくと思われる。また音楽に興味をお持ちの紳士方には、楽器をすぐにお貸しする」。またある逸話によると、コーヒー・ハウスの中に貸本屋があるものも存在したという。

コーヒー・ハウスの貸本屋

こうした現象は、ロンドンにおいてももちろんみられた。たとえば一七七五年にロンドンを訪れたスコットランド人の医者トマス・キャンベル（一七三三―一七九五）は、チャプター・コーヒー・ハウスには多くの書物があって、「読書会」が行なわれていると、その日記に書いている。また「年間予約金一シリングで、本を予約した。読みたい本はなんでも手に入るとのことだ」とも書いている。

また、これより一〇〇年後に、十八世紀の文人ゴールドスミスの作品を編集したピーター・カニンガムは、一七七五年には、およそ価値のある詩やパンフレットなら、コーヒー・ハウスには必ずあり、また事実カニンガム自身も「ディックス・コーヒー・ハウス」と銘の入った詩集を数多く所有していると述べている。

このようにみてくると、コーヒー・ハウスには、単に新聞・雑誌などにとどまらず、書物も数多く置かれて客の読書に一役買っていたといえるのである。

ところでこうした読書施設としての性格をもったコーヒー・ハウスは十八世紀末以後はみられないのであろうか。実はこの問題はコーヒー・ハウスそのものが十八世紀から十九世紀にかけてどう変化し、またその数がどれだけ減っていったかという問題と関わるのであり、また研究そのものも詳しくは行なわれていない段階なので、簡単に結論は出せない。しかしながら、芝田正夫氏らの手によって、若干の展望が示されているので(芝田正夫「十九世紀イギリスにおける読書施設の研究(一)——コーヒー・ハウスについて——」『関西学院大学社会学部紀要』四二号)、それに簡単に触れておこう。

十九世紀のコーヒー・ハウス

一八四九年に下院議員ウィリアム・エワート(一七九八—一八九六)を中心とするグループがまとめた報告は、通称『エワート報告』と呼ばれているが、これは当時の図書館、及び各種の読書施設の状況や、その実態を調査してまとめたものである。この中でウィリアム・ラベット(一八〇〇—一八七七)が述べたことによると、この時代、ロンドンには二〇〇〇軒のコーヒー・ハウスがあり、労働者でふくれ上がっている状況だというのである。そしてこの二〇〇〇軒のコーヒー・ハウスのうち五〇〇は付属図書室を有し、蔵書数二〇〇〇冊という店もあって、酒の出されない店内では真面目な労働者が読書にふけっている姿がみられる。またコーヒー・ハウスの経営者の中には、雑誌・新聞・図書の購入費に年額数百ポンドの金を使う者もあるとのことである。

他にも似たような記述はあり、たとえばロンドンだけで一八四〇年までに一六〇〇から一八〇〇のコーヒー・ハウスがあって、新聞・雑誌等も種々置かれ、大いに賑わっていたということをいう研究家もいる。

こうしてみると、コーヒー・ハウスが十八世紀の中頃から往時の活気を失い、その性格も初期の自由な言論の場という面を失って、徐々に変質していったという従来の評価も、幾分かは是正の必要があるといえよう。芝田氏も述べているように、いわゆる初期のコーヒー・ハウスと十九世紀に存在したそれとの間にはどのような歴史的連続性があるのか、また利用者、機能の点でどのような相違が存在するのかなどの問題は、重要なポイントである。そしてとくに十九世紀のコーヒー・ハウスの持つ一面として、成人教育、社会教育とのつながりは、今後さらに研究を深めなければならないテーマであろう。しかしこれらの点に関しては、残念ながら筆者の手元には不充分な資料しかなくまた深く追究するだけの技量もない。今後の研究課題としておきたい。

4 消えゆくコーヒー・ハウス

コーヒー・ハウスの果たした役割

これまでみてきたように、十七世紀中頃に初めて店が開かれ、王政復古、名誉革命を経て十八世紀の半ばに至るまでイギリス社会に大きな位置を占めてきたコーヒー・ハウスの果たした役割は、きわめて多岐にわたるものであった。

まず第一に、政治との関わりである。とくにピューリタン革命の余波が残っていた十七世紀後半においては、コーヒー・ハウスはまず政論の場として大きな役割を果たしていたのであり、そこではさまざまな意見をもつ人間たちが、コーヒーの香りと紫煙の中で、政治を論じ、権力を批判し、革命を鼓吹するという姿がみられた。そしてこのような自由の言論の場としての性格が、同時代の人々にとってコーヒー・ハウスのもつ最も大きな魅力となっていたことは、すでにこれまで何度か指摘してきたとおりである。

しかしこうした特徴は、革命の嵐の名残りが随所にみられた十七世紀後半のイギリスでは、政権を有する側にとって、危険な要素を含んでいることもまた事実だったのである。内乱の芽を育み、陰謀の温床となる可能性がコーヒー・ハウスにみられると考えた当局は、コーヒー・ハウス内にスパイを送り込んで、情報収集にあたらせたり、故意に情報を流して世論操作を試みたり、あるいは危険な分子をはらむ店をリスト・アップしたりというかたちで、コーヒー・ハウスの動向に目を光らせていたのであった。

自由な政論の場としてのコーヒー・ハウスにあからさまな形で弾圧をかけた例は、チャールズ二世の布告以外にはほとんどないが、裏の部分ではさまざまの手段が取られていたのである。しかしながら名誉革命を経てアン女王が即位した頃には、イギリス社会も革命の余波が薄れて安定期を迎える。もちろん対外戦争や、それに伴う軍費の調達問題、トーリーとホイッグの確執などの問題はあったが、十七世紀中頃から後半にかけての状況と比べれば、平和で安定した時代に向かいつつあったといってよい。そのような流れの中で、コーヒー・ハウスのもつ政論の場としての性格は徐々に薄れてゆき、いわばその「毒」が解消してゆくのである。

一方、経済面においてコーヒー・ハウスの果たした役割も大きなものがあった。十七世紀中頃から徐々に力を貯えてきた新興ブルジョワジーの経済活動にとって、コーヒー・ハウスはまず第一にビジネスに関わる情報センターとして大きな意味をもっていた。政策の動向を見定め、経済の生きた流れをできるだけ的確に素早くキャッチするというのは、昔も今も重要なことに変わりはないが、十七世紀後半から十八世紀前半においては、宮廷や議会に出入りする貴族や上流階級の人間たちがコーヒー・ハウスにも集まるので、そうした人々から直接政治の動向を聞いたり、あるいは立ち聞きしたりすることもできる。また商売人同士で情報交換をする場合も多くあった。その意味では、取引所近くのコーヒー・ハウスがとくにこの種の情報を求める人間で栄えたのも納得がゆくであろう。

さらにこういう土壌の中からロイズを代表とするような保険業の発達も生まれたのである。大英帝国をつくり上げるには、さまざまの要因が働いたことだろうが、とりわけ経済の重要性を忘れてはならないのであって、コーヒー・ハウスという場は、そうした近代イギリスの経済活動を支えた一つの基盤であったといったらいい過ぎになるであろうか。

第三に、イギリス・ジャーナリズムの発生・発展とコーヒー・ハウスとの関わりという面をあげなければならない。そしてこのジャーナリズムとコーヒー・ハウスとの結び付きという点は、これまでにあげた政治・経済とも、また社会・文化とも密接なつながりがあり、いわば十七世紀後半から十八世紀にかけてのイギリス全体を見渡すひとつの基本的なベースであったといってよい。

政治が世論の動向をどれだけうまく把握するかによって大いに左右されるように、経済に携わる者にとって政治の流れをいかに敏速に察知するかは重要なポイントであった。また直接こういうものに関わらない一般市民にとっても、政治がどのような方向へ進もうとしているのか、経済見通し、景気の動向はどうなのかという問題は、少なくとも成人男子になんらかのかたちで関わってくる。その意味でも、こうした諸々の情報を真偽取り混ぜた形ながらも、直接仕入れることのできるコーヒー・ハウスは便利このうえない場所であったといってよい。

そしてこの種の情報をまとめて印刷、発行するというかたちで新聞・雑誌が続々と発行され、それらがまたコーヒー・ハウスの店内に置かれて無料で読めるというふうにして、ジャーナリズムとコーヒー・ハウスが持ちつ持たれつという関係で発展してゆくのである。ジャーナリストたちはコーヒー・ハウスの中で語られる事柄をまとめて記事にし発行する。そうした印刷物が店内に置かれて客たちに情報を与える。客たちはそうした情報をもとにして、それぞれの生活の場を豊かなものにしてゆく。こういう関係が成立していたのである。

第四に、誰でも金さえ払えば入って自由に談話を交わすことができる（少なくとも十八世紀に入るまではこの傾向が強かった）というコーヒー・ハウスの性格から、店内には貴顕紳士から、イカサマ師、泥棒の類に至るまで種々雑多の人間が寄せ集まり、いわば「人間の〈るつぼ〉」的様相を示していた。

政治が語られる一方では、最近流行のファッションが話題になり、文学論が口角泡を飛ばして戦わされる一方、インチキ薬の効能をまことしやかに説明するものもある。商売人同士が取引の話をしている隣のテーブルでは、泥棒が聞き耳を立て、金を奪う手筈を考えている。新聞・雑誌を読む者、手紙を書く者、友人と談笑する者、ありとあらゆる層の人間が勝手なことをやっている。コーヒー・ハウスには時代の社会風俗がたっぷりと盛り込まれているといえるのである。

そして最後に、十七世紀後半から十八世紀にかけての文学や文化とコーヒー・ハウスが密接な関連を有していたことを指摘しておかなければならない。

コーヒー・ハウスに集まった文人たち（その中には後の世にまで名を残した詩人もいれば、三文文士、あるいは文学をめざす若者もいた）は、詩や劇を互いに批評し合い、創作途上の詩人にヒントを与え、議論をしながら詩や劇の構想を練り上げるといったことに時間を費やしていた。もちろん、その際にちょっとした批判がもとで決闘にまで発展するといったこともあっただろうし、党派的な感情に左右されてかたよった批評を下すこともあったろう。あるいは自信をもって書き上げた作品をとことん批評されて、ペンを折った者も多くあったに違いない。しかしその一方では、ロンドンの文学界での成功を夢みてコーヒー・ハウスへ出入りした若者の詩が、大いに文人たちの注目を浴びて成功をおさめるといったこともあったろう。

その意味で、十七世紀末の文学の大立物であったドライデンを中心にしたウィル・コーヒー・ハウスの発展、十八世紀のジャーナリズム文学、そしてやがて出現する小説に大いに影響を与えたアディソン、スティールとバトン・コーヒー・ハウス、あるいはその後を受けたベッドフォード・コーヒー・ハウスなどの姿は、この時代のイギリス文学を考える際のみならず、以後のイギリス文学にとっても重要な側面を照らし出すものとして考えておかなければなるまい。

その他、これまでの章で、コーヒー・ハウスの果たした役割についてさまざまのことを述べてきたが、それらについてはもう繰り返す必要もないだろう。ともかく十七世紀後半から十八世紀にかけてのイギリスの、政治経済も含めた広い意味での「文化」とコーヒー・ハウスとは大いに関連を持っているのであり、あえて概括すれば、この時代は「コーヒー・ハウス文化の時代」だったといえるかもしれないのである。

コーヒー・ハウスの変質と衰退

以上のような特質をもっていたコーヒー・ハウスが十八世紀の中頃から変質をし、また衰退して閉店するものが増えてゆくのだが、その原因はいったいどこにあったのだろうか。もちろん、前にも述べたように十九世紀になってもコーヒー・ハウスは存在したし、それなりの役割は果たしていたのだが、それでも十七、十八世紀の賑わいは消えていたし、またその機能も失われていた。

第一に考えなければならないことは、きわめて基本的な点だが、数が多くなりすぎたことである。十八世紀初めにはロンドンだけで三〇〇〇軒を越す店があったといわれるが、これがほぼピークであって、その後は減少している。なんといっても初めのうちは新奇なものを見たい、コーヒーという珍しい飲みものを試してみたいという人心の常で、次から次へと増えたのであろうが、それが時間を経て、道を曲がれば店があるという状態になれば、飽きられてくるのは当然の理といえるだろう。

第二に、コーヒー・ハウスがまだ初期の段階にあった頃は、原則として酒類を出さなかった。二日酔いの特効薬という触れ込みでコーヒーが売られていたし、また酒場というものに対抗する必要上からも、酒を出さない健全な店というキャッチ・フレーズは大事だったのである。また人心荒廃のもとといわれる賭博類も禁止した店が多く、そのためにコーヒー・ハウスの秩序が保たれていたという面もある。しかしながらこれも人心の常というべきだろうか、あるいは王政復古以後のモラルの低下という状況のためだろうか、徐々にコーヒー・ハウスにおいて酒も出されるようになり、またトランプやさいころなども大っぴらに行なわれるようになった。コーヒー・ハウスの数が増えて、新味を出す必要もあったかもしれない。

そして酒や賭博が許されるようになれば、一応誰でも金さえ払えば入れる店であるから、内部の雰囲気も変わり、喧嘩や決闘などの騒ぎが増加する。そうした風潮に耐えられぬ人々はやがて足が遠のくということになるのである。ウィルやバトンなどの高級店も例外ではないことは、すでにみたとおりである。

第三に、コーヒー・ハウスの「人間の〈るつぼ〉」的性格が十八世紀頃から失われてきたことがあげられる。初期のコーヒー・ハウスでは誰でも金さえ払えば、店内でコーヒーを楽しむことができた。こうした特徴は原則として十八世紀になっても生きてはいたが、現実には異なった様相を呈してくる。まず、酒や賭博などが店内でみられるようになれば、そうした現象に眉をひそめる人間は他の店へ移り、静かな環境を楽しもうとするだろう。これによって、コーヒー・ハウスの客層も分れてくる。次に、人間の常としてなじみの店ができるということがある。まったく初めての店へ入るよりは、顔なじみの多い店へ足は向き、経営者とも知り合いになった店へ足繁く通う。しかもこれは、現代の日本の盛り場でよくみられる現象だが、なじみの客ばかり集まる店はそれだけで結構商売になるので（あるいは商売になるようにするというべきか）、いわゆる「一見客《いちげん》」をぞんざいに扱うようになり、必然的にある固定客のみで店が占められるようになる。

そして、イギリスのコーヒー・ハウスとフランスのサロンとの違いは、コーヒー・ハウスに貴族のパトロンがついていない点だといわれるが、これは事実はそのとおりだとしても、コーヒー・ハウスの建てられた地域、場所、経営者の身分、人脈などによっておのずから店の客層は微妙に違ってくるのであって、おそらく当初からコーヒー・ハウスもある程度のランク付けがあったに違いない。また政治における党派の違いによって、行く店が固定化するということ、ドライデンを中心とするサークルのように、一種の文壇が形成されて閉鎖的な色彩を帯び、やがて後の文学クラブのようなものへと発展してゆくことなどもあったといえよう。

しかし、ともかく、コーヒー・ハウスの発展に伴って、客層が固まってゆくという現象が生まれ、これがコーヒー・ハウスの活気を失う一因になったことは指摘しておかなければなるまい。

第四に、チャールズ二世によるコーヒー・ハウス閉鎖令や、女性の側からのコーヒー・ハウス反対論などといった現象、客を奪われた酒場の経営者によるコーヒー・ハウスへの敵視などがあった。しかしこうした批判に対しては、コーヒー・ハウス経営者は抵抗し、また客の支援もあってうまく切り抜けてきたといえる。むしろ、コーヒー・ハウスの衰退を招いた原因で、経営者の側に問題が存在したのは、他の面であった。

すでにジャーナリズムの項でも述べたように、コーヒー・ハウスはニュースを読んだり、聞いたりする場としても、またさまざまの町の話題を収集する場としても重要な位置を占めていた。ところが、こうした状況をみて利にさとい一部の経営者が、客たちからもたらされるニュース、情報、ゴシップなどを集めて『コーヒー・ハウス・ガゼット』なる新聞を発行販売し、その利益を懐に入れるという方法を取り始めた。つまりニュースの独占化を計ったわけである。そしてこれを政府に働きかけて、許可を得ようとした。一七二九年のことである。その結果出された『ガゼット』には、店のなじみ客がもたらしたニュースが掲載されたので、自分の記事が新聞に載せられた連中は大いに喜んだのである。

しかし、こうした虫のいい試みは成功しなかった。コーヒー・ハウスの中で情報を集め、それを新聞・雑誌に載せていたジャーナリストたちは、こうしたコーヒー・ハウス経営者の横暴をパンフレットなどで非難し、しかもコーヒー・ハウスを利用するにあたってはきちんとコーヒー代を払っているのだから、なんらやましいところはないと断言したのである。そしてこうした強硬な反論に対しては、経営者の側も答えられず、『ガゼット』もいつか消えていってしまったのである。経営者とジャーナリストとの争いは、その勝負よりも、むしろこのようなコーヒー・ハウスの姿勢がジャーナリストたちの反感を買い、そもそものコーヒー・ハウスの機能であった情報センターとしての性格に、汚点を印した点に重要な意味があった。経営者の愚行が、自らの首を締める結果となったのである。

第五に、コーヒー・ハウスの衰退をもたらした大きな要因として、政府の植民地政策が変わった点をあげなければならない。

最初の章でも述べたように、当初、つまり十七世紀後半から、十八世紀にかけては、イギリスに輸入されるコーヒーは、主としてアラビアのモカ・コーヒーで、これは東インド会社によってもたらされていた。そして輸入量からいえば茶よりもコーヒーの方が圧倒的に多かったのだが、十八世紀に入るとオランダの手でジャワ・コーヒーがヨーロッパにもたらされ、モカよりも安く供給されるようになる。このためイギリスのコーヒー輸入は減少し、やがて政府の手でアジア貿易の力点が中国茶の輸入へと移され、コーヒーの価格が茶に対して相対的に高くなる。このような情勢の中ではコーヒー・ハウスも必然的に初期の頃のような繁栄を得ることができなくなったのである。

衰退原因の第六としては、個人の家の構造が十七世紀と比べて良質化したため、家庭において人を招いて談笑することが可能になった点があげられる。

まず家屋の問題であるが、大火後のロンドンでは木造建築から煉瓦や石造りの家へ徐々に変化し、また一七〇七年、一七〇八年と相ついで建築規制が行なわれて、とくに一七〇八年の規制では窓に木造の部分がみえるのが禁止された。そしてこれまでの開き窓（ケースメント）に代わって、オランダで発明されたサッシ窓が増加してゆく。またジョージ一世以降の都市建築の典型は、ひとつの通りにできるだけ多くの家をまとめて、狭い道路がくねくねと曲がりながら続くという形態を廃し、通りに面した方には前庭、また建物の背後にも庭を付けるというかたちを取っていった。建物の構造自体も丈夫なものになって、室内にもできるだけ快適なスペースを保とうとする傾向がみられる。

住居が快適なものになってゆけば、これまでのようにコーヒー・ハウスやタバーンなどで時間を潰す必要もなくなり、人々はそれぞれ家庭でパーティを開いたりする。とくに重要なのは「アフタヌーン・ティー」、つまりイギリス人の好む午後のお茶が習慣化するようになった点である。

元来、十七世紀までは上・中流階級の食事はほとんど一日に二食であり、最初の食事と二度目の食事との間は、活動量がかなりあるにもかかわらず、長時間あまりきちんとした食事を摂らなかった。それでも十七世紀の終り頃からは食事と食事との間に軽食を摂ることが始まっていたが、これが一般的になって十八世紀の中頃からは夕方の五時頃に軽い食事を口に入れるようになった。その際の飲みものは、すでに述べたようにコーヒーの輸入が政策上から茶にとって代わられつつあったために、茶が主流となっていた。このような事情からコーヒー・ハウスも、客が減ってくるのである。

この他、衰退の要因として、野外公園の発達によって、男女が連れ立ってそこへ茶を飲みに行く習慣が生じたこと、タバコをのむ人間がコーヒー・ハウスに多かったため、嫌煙論者たちが遠ざかったこと、新聞が一般化したため、わざわざコーヒー・ハウスへ読みに行く必要がなくなった点などがあげられる。

ともかくコーヒー・ハウスそのものは姿を消したわけではないが、十八世紀後半になると、酒場に模様替えしたり、宿屋となったり、あるいは印刷所、書店などに店を貸したりする傾向が増えてゆくのであって、十七世紀末の様相とは大いに異なるものとなっていった。しかし、これまで何度も述べてきたように、わずか一〇〇年、いや最盛期のみを取り上げれば五〇年ほどの間に、コーヒー・ハウスがイギリスの社会、文化に与えた影響は決して小さいものではなかったのであり、この時代に現われた有名無名の人間の姿は、コーヒー・ハウスという鏡をあてることによって、さまざまの相貌をみせてくるといっても過言ではないのである。

参考文献

A　コーヒー・ハウス全般についての研究

1　Bryant Lillywhite, *London Coffee-Houses* (London, 1963)
十七世紀から十九世紀にかけてロンドンに存在したコーヒー・ハウスを網羅して、それぞれの店について触れた文献資料を各コーヒー・ハウスごとに編年体で整理、掲載したレファレンス。店名をアルファベット順に並べた索引、地域別の索引もついていて便利であり、コーヒー・ハウスについて調べようとする者にとっては測り知れない情報を与えてくれる貴重な書物である。

2　Aytoun Ellis, *The Penny Universities : A History of the Coffee Houses* (London, 1956)
コーヒー・ハウスの誕生から衰退までを政治、社会、文化などとの関わりを重視しながら、エピソードを数多く盛り込んで綴った書物。コーヒー・ハウスの全体像を知るためには不可欠のものといえる。

3　Edward Robinson, *The Early English Coffee House* (Surrey, 1893)
2の Ellis の本の原型となったものと思われる。コーヒー・ハウスの誕生、繁栄、衰退を扱ったものとして現在でも手に入るが、2に比べるとやや浅いし、資料も少ない。

B　本書が主に扱った十七世紀中頃から十八世紀後半に至る時代の全般にわたる研究

1　G. M. Trevelyan, *Illustrated English Social History* (London, 1942) Vol. 2, 3.
十七世紀から十八世紀末までのイギリス社会全般については、今もって充分味読に耐える本。文章も明快で、資料も豊富である。同じ著者の *History of England*, *England under the Stuarts*, *The English Revolution 1688*, *England under Queen Anne* などもこの時代の歴史として読むに値するし、また *English Social History* も社会史としてはよくまとまった好著だが、表記の本は図版が多いので特に便利である。

2　J. P. Kenyon, *Stuart England* (London, 1978)
The Pelican History of England というシリーズの一冊。この時代の通史として手頃である。なおこのシリーズの第七巻、J. H. Plumb, *England in the Eighteenth Century* (1950) もよくまとまっている。

3　Lawrence Stone, *The Family, Sex and Marriage in England 1500—1800* (London, 1977)
十六世紀から十八世紀末までのイギリスの家族制度、結婚観などについて豊富な資料をもとに検討したもので、八〇〇ページに及ぶ大著だが、文章は読みやすい。

4　A. R. Humphreys, *The Augustan World : Life and Letters in Eighteenth Century England*

(London, 1954)

十八世紀のイギリス社会、経済、政治、宗教、哲学、美術などについて、同時代の文学作品などからの引用を盛り込んで概説した本。半世紀近く年前の本だが、今日でも充分味読に値する。

5　A. S. Turberville, *English Men and Manners in the Eighteenth Century* (Oxford, 1926)

十八世紀のイギリス社会を4と同様、様々の角度からあとづけたもので、図版も多く、読みやすい。なお同じTurbervilleが編集した*Johnson's England* (London, 1933) 2vols. も役に立つ。

6　M & C. H. B. Quennell, *A History of Everyday Things in England* (London, 1919; revised ed., 1960) Vol. 2, 3.

題名からわかるように、イギリス人の生活、風俗に関連する書物をさし絵入りで解説したもので、われわれ日本人になじみのないものが簡潔明快に説明されている。

7　角山榮『産業革命と民衆』(河出書房新社、一九七五)

十七世紀から十九世紀のイギリス社会、生活について概説したもので、日本人の手になるものとしては最も包括的で、また面白く読める本といえる。

8　角山榮・川北稔編著『路地裏の大英帝国』(平凡社、一九八二)

時代的には十八世紀から十九世紀のイギリス都市生活を扱ったものだが、なま身の人間の生活、風俗が活写されていて興味深い。

9　春山行夫『ビール文化史』上下巻（東京書房社、一九七三）
博覧強記をもって聞えた著者が、ヨーロッパにおけるビールの歴史とその文化的、社会的背景を種々の文献を駆使して書いた本。特に下巻は本書と関連がある。

10　春山行夫『西洋広告文化史』上下巻（講談社、一九八一）
ヨーロッパにおける広告の歴史とその社会的、文化的背景を、例によって資料を博捜して描いた本。

C　ロンドンとその歴史

1　Christopher Hibbert, *London : The Biography of a City* (London, 1969)
ロンドンという都市の成立から今日までの歴史を一般向けに書いたもの。著者は「イギリスの伝記作者の真珠」といわれるほどの人で、この本も「ロンドンの伝記」である。図版あり。

2　Mary Cathcart Borer, *The City of London : A History* (London, 1977)
この本も1と同様、ロンドン、特にシティの通史としてよくまとまったものである。

3　H. B. Wheatley & Peter Cunningham, *London Past and Present* 3vols. (London, 1891)
ロンドンに関する網羅的なハンドブック。地名、建物などをアルファベット順に排列し、それにまつわる古今の資料を取捨選択して添えたもので、貴重な労作である。

4 Sir Walter Besant, *London in the Time of the Stuarts* (1903), *London in the Eighteenth Century* (1902)

発行地はどちらもロンドン。同著者による *The Survey of London* 10vols. の中に含まれている。このシリーズはロンドンの歴史を同時代の文献に主として語らせるという方法で描いたもので、各冊とも大冊六〇〇ページに及ぶ。表記の二冊はこのうち本書で扱う範囲に関連の深いものである。なお、漱石はこの本を『文学評論』執筆にあたり、よく利用している。

5 John Stow, *Stow's Survey of London* (London, 1912)

原著は一五九八年に出たもので、本書の範囲とは直接関わりはないが、ロンドン・ハンドブックとして十七、十八世紀に大いに使われた。

6 Jack Lindsay, *The Monster City : Defoe's London, 1688—1730* (London, 1978)

副題からわかるように、デフォーの生きた時代のロンドンの姿を多面的にとらえたもの。やや平板である。

7 George Rudé, *Hanoverian London 1714—1808* (Berkeley, 1971)

十八世紀のロンドン史としては最も権威がある本。この時代の社会生活を生き生きと描くと同時に、特に暴動や社会不安について突っ込んだ分析を行なっている。文章は非常に良い。

8 R. J. Mitchell & M. D. R. Leys, *A History of London Life* (London, 1958)
ロンドン生活史として定評のある本で、各時代を代表する人間を見出しにして（例「チョーサーのロンドン」）、同時代の資料を使いながらロンドンという都市とその生活を綴る。

9 M. Dorothy George, *London Life in the Eighteenth Century* (London, 1925)
出版されてから半世紀をこえた今日においても、十八世紀ロンドンの生活を詳細に描き出したものとして重要である。

D 本書でとりあげたトピックに関する文献

1 W. G. Bell, *The Great Plague in London in 1665* (London, 1924)
一六六五年のロンドンのペスト流行の経過と被害を詳細に記述したもので、資料、統計が豊富に含まれている。

2 W. G. Bell, *The Great Fire of London in 1666* (London, 1920)
一六六六年の大火の模様を、それこそ時間を追うようにして描き出したもので、1と同様に資料、統計も多い。

3 Joseph Frank, *The Beginnings of the English Newspaper* (Cambridge, Massachusetts,

1961）

一六二〇年から一六六〇年までのイギリスにおける新聞発達の状況を、豊富な資料をもとにしてあとづけたもの。やや繁雑に過ぎるのが難点だが、初期のイギリス新聞史としては重要である。

4 D. H. Bond & W. R. McLeod ed., *Newsletters to Newspapers : Eighteenth-Century Journalism*（West Virginia, 1977）

十七世紀末から十八世紀のジャーナリズムについて、いくつかのトピックを中心にして論じた論文集。

5 J. G. Muddiman, *The King's Journalist 1659—89*（London, 1923）

本文中でもとりあげた王政復古期のジャーナリスト、ヘンリー・マディマンを中心に、十七世紀後半のイギリスの政治とジャーナリズムの関連を考究したもの。

6 Peter Fraser, *The Intelligence of the Secretaries of State & their monopoly of Licensed News 1660—1688*（Cambridge, 1956）

十七世紀後半のイギリスにおける政府側のニュース独占の状況について考究したもの。5とともにこの時代のジャーナリズムを考えるのに重要である。

7 Robert J. Allen, *The Clubs of Augustan London*（Connecticut, 1933）

コーヒー・ハウスと関わりの深いクラブの歴史と、十八世紀の主なクラブの様子を描いた本。

8　Henry C. Shelley, *Inns and Taverns of Old London* (Boston, 1909)
十六世紀から十八世紀のロンドンにあったイン、タバーン、コーヒー・ハウスなどについて書かれたもの。図版がかなり入っている。

9　Victor E. Neuburg, *Popular Literature : A History and Guide* (London, 1977)
これも現在はペリカン・ブックスの中にあるので手に入りやすい。著者は大衆文学の研究の第一人者であり、この本の他にも、*Chapbooks* などの著書がある。なお表記の本には詳しい文献解題があって便利である。

10　Margaret Spufford, *Small Books and Pleasant Histories* (London, 1981)
十七世紀イギリス大衆文学とその読者について論じたもので、特にそうした文学作品の出版者、販売ルートなどについて詳しい。

11　星名定雄『郵便の文化史』(みすず書房、一九八二)
イギリスにおける郵便制度の発達と、それにまつわる社会的、文化的エピソードを種々盛り込んだ労作。図版、参考文献なども充実している。

12　木村栄一『ロイズ』(日本経済新聞社、一九八一)
本文中にも触れた保険機構ロイズの歴史と特質をエピソードを折り込んで描いたもので、コーヒー・ハウスと経済、保険の関わりを見るのに役立つ。

13　鯖田豊之『水道の文化』（新潮社、一九八三）
ヨーロッパと日本の上下水道整備の歩みを比較対照しながらあとづけたもの。

E　文学作品その他

1　Robert Latham & William Matthews ed., *The Diary of Samuel Pepys* 11vols. (Los Angeles & London, 1970—83)
本文中でも再三とりあげたピープスの日記全集決定版。詳しい注釈、トピック別索引、用語解説などがあり重要。なおピープスの日記は他にもいろいろな版がある。なお本書の翻訳は臼田昭氏の手で『サミュエル・ピープスの日記』（国文社）として七巻までが出され、臼田氏の逝去後、海保眞夫氏訳で第八巻も出た（全十巻の予定）。

2　Robert Latham ed., *The Illustrated Pepys* (Berkeley & Los Angeles, 1978)
ピープスの日記から重要なもの、興味深い部分を選択して編集し、図版を添えたもの。手頃な選集である。

3　臼田昭『ピープス氏の秘められた日記』（岩波新書、一九八二）
ピープス紹介として卓抜なもので、なによりも文章が見事である。

4　E. S. de Beer, *The Diary of John Evelyn* 6vols. (Oxford, 1955)
ピープスと並ぶ同時代の日記作者イーヴリンの日記全集決定版。注が詳しい。なおイーヴリンの日記も他に簡約版がある。

5　John Bowle, *John Evelyn and his World*（London, 1981）
イーヴリンの伝記であると同時に、彼の生きた時代をもあわせて描いている。

6　Oliver L. Dick ed., *Aubrey's Brief Lives*（London, 1949）
現在はペンギン・ブックスに入っており、手頃な本といえる。なお抄訳であるが、橋口稔、小池銈訳『名士小伝』（冨山房百科文庫、一九七八）は、詳しい解説があって便利である。

7　*The Shakespeare Head Edition of the Novels of Daniel Defoe* 12vols.（London, 1927）
本文中でも触れたように、デフォーは数多くの著作を残したが、現在決定版の全集というのは出ていない（二〇〇〇年末からようやくイギリスで出版が始まる予定）。そこでこの選集を選んだが、ここには主な作品が入っており、しかもペーパー・バック版なら、なんと揃いで一万二千円程で買える。

8　James Sutherland, *Defoe*（London, 1937）
デフォーの広範な活動、また複雑な人間性を見事な文章で綴った伝記。著者はイギリスの十八世紀文学研究家として非常にすぐれた人であった。

9　J. R. Moore, *Daniel Defoe : Citizen of the Modern World*（Chicago, 1958）
デフォーについての詳しい伝記である。

10　Pauk Backsheider, *Daniel Defoe* (Baltimore, 1989)
現在もっとも詳しく信頼するに足るデフォー伝。

11　Donald F. Bond ed., *The Spectator* 5vols. (Oxford, 1965)
雑誌『スペクテイター』を編集、詳しい注をつけた決定版、特にボンドの解説は役に立つ。『スペクテイター』は他にもいろいろな版がある。また『タトラー』にはボンドのような決定版がなく、エヴリマン・ライブラリーを使った。

12　J. C. Stephens ed., *The Guardian* (Kentucky, 1982)
『ガーディアン』を一冊にまとめ、注を施した決定版。

原本あとがき

　十八世紀イギリス文学を勉強しながら常々感じていたことは、個々の文学作品の背後に長い歴史と文化とが確固たる地位を占めているという点だった。なにを今さら初歩的なことを、と言われるかも知れない。しかし、ともすれば文学作品をそうした歴史的、社会的、文化的コンテクストから切り離して、現代の眼で見ようとする傾向が強い今日、作品の成立の基盤となった文化、社会をもう一度検討してみること、言い換えれば十八世紀という時代の中にわが身を置いてみることから始めようというのが、著者の立場であった。もちろん、こう述べたからといって、全く現代の眼というものを排除するつもりがあったわけではない。ただあえて言えば、作品を出来あいの理論で裁断するという方法に、いささか懐疑的な気持ちを抱いているのである。

　そこでこの十八世紀イギリスという時代を映し出す一つの鏡としてコーヒー・ハウスをとりあげ、これと同時代の政治、社会、文化との関連をできるだけ様々のエピソードを交えながら書き進めたのが本書である。書き終えた今、読み返してみると、突っ込みの足りない点や、論じ足りない点などが目につき、内心忸怩たるものがある。特にクラブとコーヒー・ハウスとの関わり、パブというイギリス独特の環境、また十七世紀末から十八世紀にかけて続々と輩出した三文文士たちとロンドンとの関連など、触れるべき点が多く残ってしまった。しかし、これらの点は今後また研究を進めてゆき、折りがあれば発表したいと考えている。

本書を書くにあたっては様々の方にお世話になった。上智大学在学中以来、いろいろと御指導いただいた高柳俊一先生、また十八世紀英文学全般にわたって多くの事柄を教えていただいた同志社女子大学教授高山修先生、そして様々の資料の検索に手を貸してくださった同志社女子大学図書館の館員の方々に改めてお礼申しあげたい。最後に、不慣れな著者のために原稿整理、章立て等、様々の面でお世話いただいた駸々堂出版の岩永泰造氏に感謝する次第である。

一九八四年　春

本書の原本は、一九八四年、駸々堂出版より
刊行されました。

小林章夫（こばやし　あきお）
1949年東京生まれ。上智大学大学院文学研究科修了ののち，同志社女子大学教授を経て，上智大学文学部教授。専攻はイギリス文学，文化。主な著書に，『イギリス名宰相物語』（講談社現代新書），『物語イギリス人』（文春新書），『ロンドン都市物語』（河出書房新社），『ロンドン・シティ物語』（東洋経済新報社）ほかがあり，主な訳書に『ワイン物語』（ＮＨＫ出版），『とびきり哀しいスコットランド史』（ちくま文庫）など。2021年没。

講談社学術文庫

定価はカバーに表示してあります。

コーヒー・ハウス

小《こ》林《ばやし》章《あき》夫《お》

2000年10月10日　第１刷発行
2024年６月10日　第14刷発行

発行者　森田浩章
発行所　株式会社講談社
東京都文京区音羽 2-12-21 〒112-8001
電話　編集（03）5395-3512
販売（03）5395-5817
業務（03）5395-3615
装　幀　蟹江征治
印　刷　株式会社ＫＰＳプロダクツ
製　本　株式会社国宝社

ISBN4-06-159451-6

「講談社学術文庫」の刊行に当たって

これは、学術をポケットに入れることをモットーとして生まれた文庫である。学術は少年の心を養い、成年の心を満たす。その学術がポケットにはいる形で、万人のものになることは、生涯教育をうたう現代の理想である。

こうした考え方は、学術を巨大な城のように見る世間の常識に反するかもしれない。また、一部の人たちからは、学術の権威をおとすものと非難されるかもしれない。しかし、それはいずれも学術の新しい在り方を解しないものといわざるをえない。

学術は、まず魔術への挑戦から始まった。やがて、いわゆる常識をつぎつぎに改めていった。学術の権威は、幾百年、幾千年にわたる、苦しい戦いの成果である。こうしてきずきあげられた城が、一見して近づきがたいものにうつるのは、そのためである。しかし、学術の権威を、その形の上だけで判断してはならない。その生成のあとをかえりみれば、その根は常に人々の生活の中にあった。学術が大きな力たりうるのはそのためであって、生活をはなれた学術は、どこにもない。

開かれた社会といわれる現代にとって、これはまったく自明である。生活と学術との間に、もし距離があるとすれば、何をおいてもこれを埋めねばならない。もしこの距離が形の上の迷信からきているとすれば、その迷信をうち破らねばならぬ。

学術文庫は、内外の迷信を打破し、学術のために新しい天地をひらく意図をもって生まれた。文庫という小さい形と、学術という壮大な城とが、完全に両立するためには、なおいくらかの時を必要とするであろう。しかし、学術をポケットにした社会が、人間の生活にとってより豊かな社会であることは、たしかである。そうした社会の実現のために、文庫の世界に新しいジャンルを加えることができれば幸いである。

一九七六年六月

野間省一

文学・芸術

1485

ドナルド・キーン著／吉田健一・松宮史朗訳

能・文楽・歌舞伎

日本の伝統芸能の歴史と魅力をあまさず語る。少年期に演劇の擒になって以来、七十年。日本人以上に日本文化に通暁する著者が、能・文楽・歌舞伎について、そのすばらしさと醍醐味とを存分に語る待望の書。

1499

清水　勲著

ビゴーが見た日本人　諷刺画に描かれた明治

在留フランス人画家が描く百年前の日本の姿。文明開化の嵐の中で、急激に変わりゆく社会を戸惑いつつもたくましく生きた明治の人々。愛着と諷刺をこめてビゴーが描いた百点の作品から〈日本人〉の本質を読む。

1560

杉本秀太郎著

平家物語　無常を聴く

『平家』を読む。それはかすかな物の気配に聴き入ることからはじまる――。「無常」なるものと向きあい、ゆれて定まらぬもの、常ならざるものを、不朽の古典をとおして描く、珠玉のエッセイ。大佛次郎賞受賞作。

1569

バーナード・リーチ著／柳　宗悦訳／水尾比呂志補訳

バーナード・リーチ日本絵日記

イギリス人陶芸家の興趣溢れる心の旅日記。独自の美の世界を創造したリーチ。日本各地を巡り、また、濱田庄司・棟方志功らと交遊を重ね、自らの日本観や芸術観を盛り込み綴る日記。味のある素描を多数掲載。

1577

興津《おきつ》　要《かなめ》編（解説・青山忠一）

古典落語

名人芸と伝統――至高の話芸を文庫で再現！　人情の機微、人生の種々相を笑いの中にとらえ、庶民の姿を描き出す言葉の文化遺産・古典落語。「目黒のさんま」「時そば」「寿限無」など、厳選した二十一編を収録。

1605

小林章夫著

イギリス紳士のユーモア

卓抜なユーモアを通して味わう英国人生哲学。山高帽にこうもり傘、悠揚迫らぬ精神から大英帝国を彩るユーモアが生れた。当意即妙、グロテスクなほどブラック、自分を笑う余裕。ユーモアで読む英国流人生哲学。

外国の歴史・地理

2691
港の世界史
高見玄一郎著（解説・陣内秀信）

港こそが、都市の主役である。古代ギリシアから中世のベネチア、中国の海港、アムステルダムの繁栄、近現代のロンドン、ニューヨークまで。世界の港と流通システムの発達を、ひとつの物語として描く異色の世界史。

電P

2695
砂漠と草原の遺宝
香山陽坪著（解説・林俊雄）
中央アジアの文化と歴史

スキタイ、エフタル、匈奴、突厥、ソグド、モンゴルなど、諸民族の歴史と文化。農耕・牧畜の開始からティムール帝国まで、騎馬遊牧民が駆けめぐった旧ソ連領中央アジア＝西トルキスタンの遺跡を考古学者が歩く。

電P

2696
万国お菓子物語
吉田菊次郎著
世界をめぐる101話

たかがお菓子というなかれ。甘さのかげに歴史あり。愛とロマン、政治に宗教、文化の結晶としての世界のスイーツ101の誕生秘話――マカロン、レープクーヘンからザッハートルテ、カステーラ、ちんすこうまで！

電P

2718
世界鉄道文化史
小島英俊著

鉄道とは人類のドラマである！　万国スピード競争、等級制の人間模様、日本にもあった「一帯一路」、豪華列車、リニア開発……第一人者が圧倒的なスケールで描き切る、鉄道と人間が織りなす胸躍る軌跡のすべて。

電P

2724
イギリス貴族
小林章夫著（解説・新井潤美）

政・官・軍のリーダーとして大英帝国を支えつつ、空前の豊かな生活を送った貴族たち。彼らは法律を作り、政治を司り、軍隊を指揮する一方、社交、狩猟、スポーツに熱中した。その驚きの実態を紹介する好著。

電P

2726
パリ万国博覧会
鹿島　茂著
サン＝シモンの鉄の夢

万博をつくった理念をたどること、それは近代文明の観念史そのものである！　名手・鹿島の本領がいかんなく発揮された叙述で、物神【フェティッシュ】の聖堂のスペクタクルを味わい尽くす、魅惑の文化史研究。

電P